I0480882

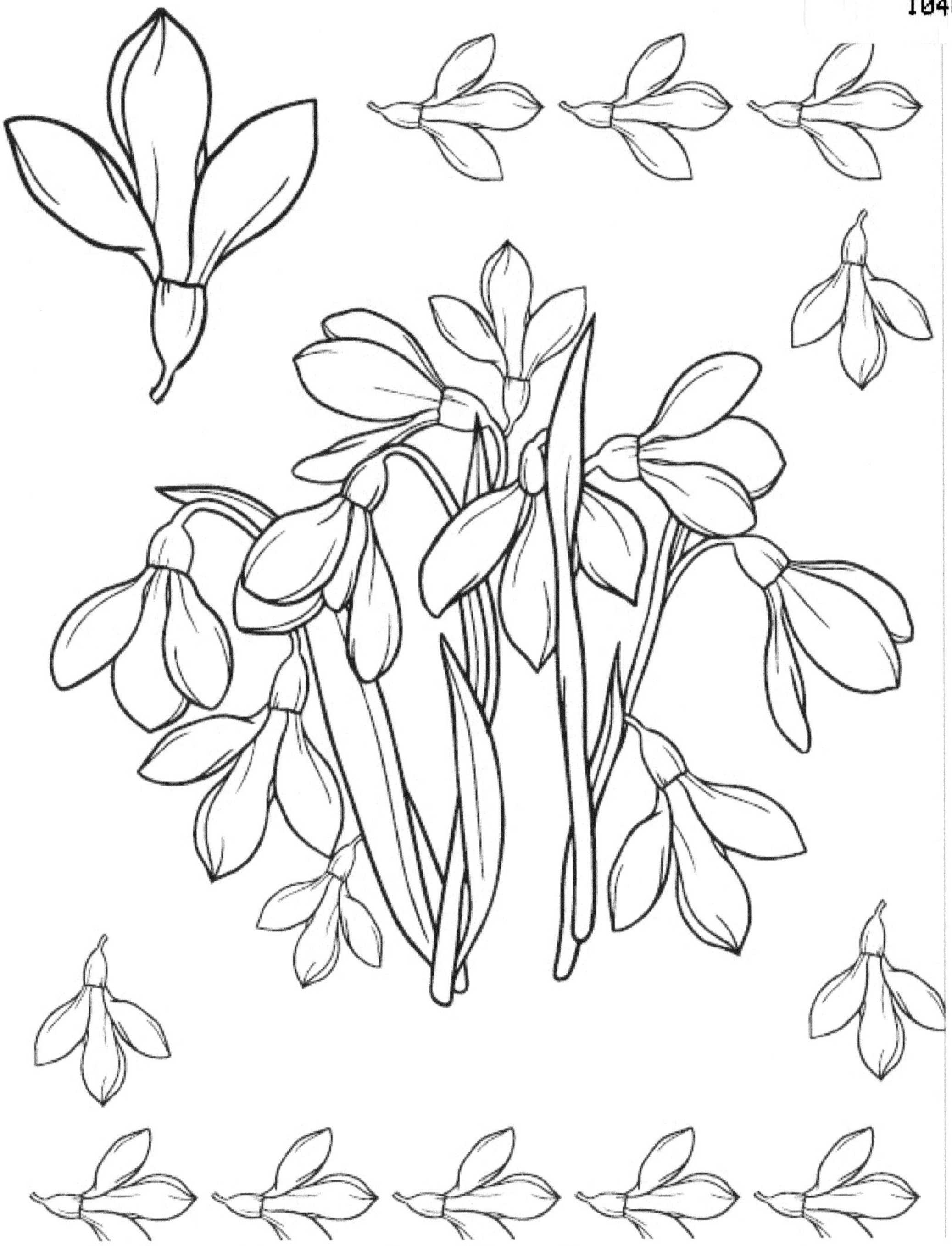

This Book Belongs to:

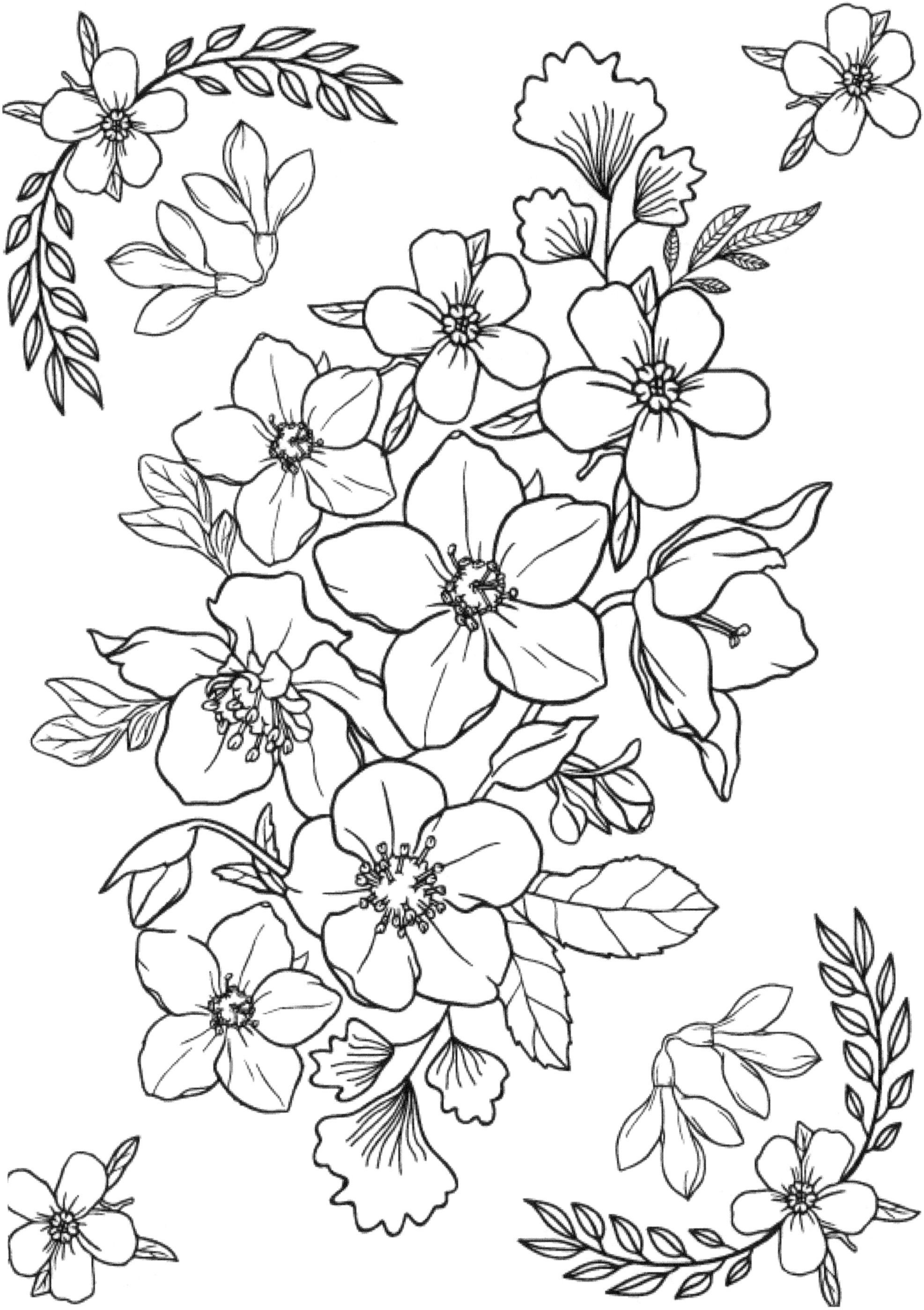

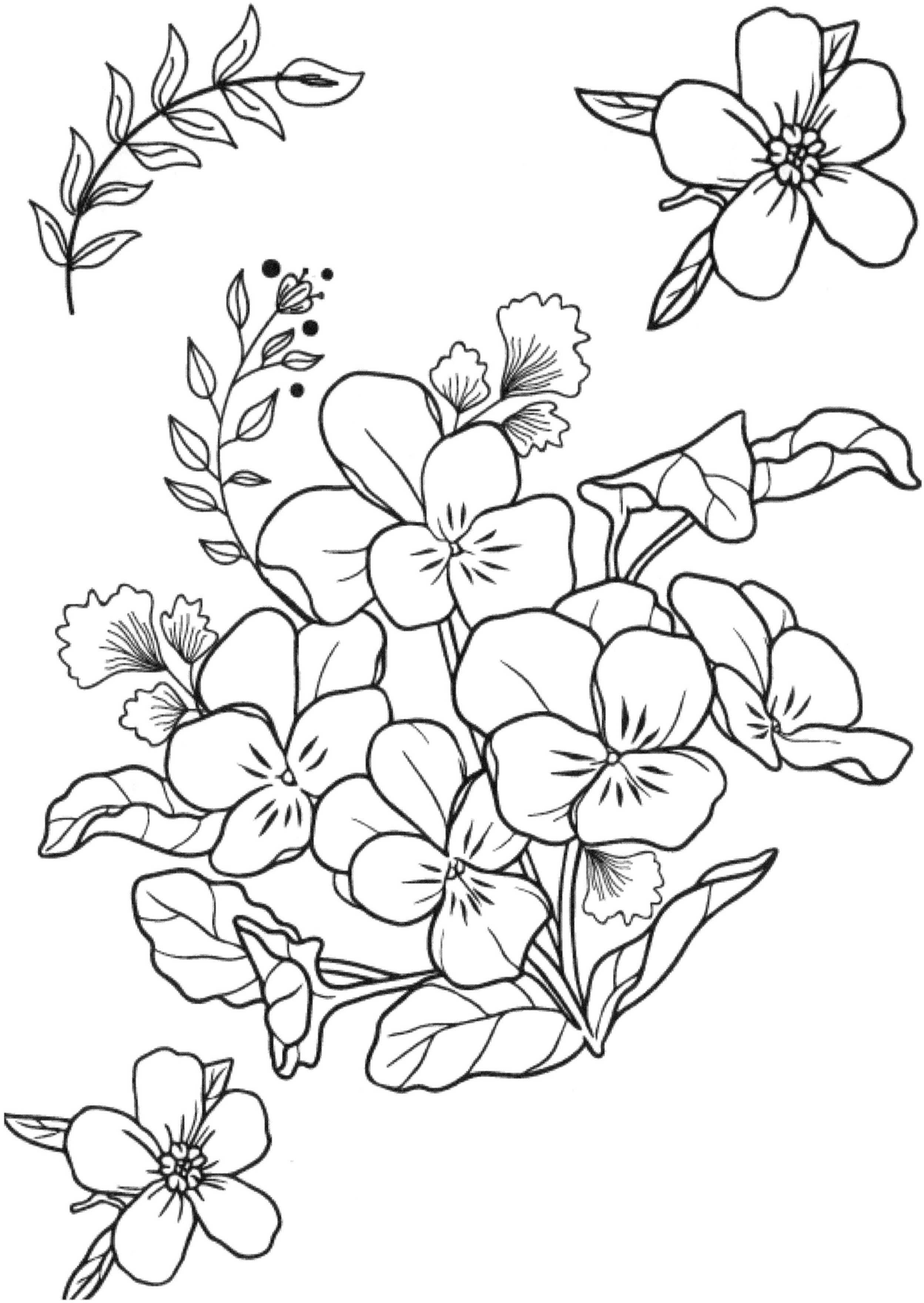

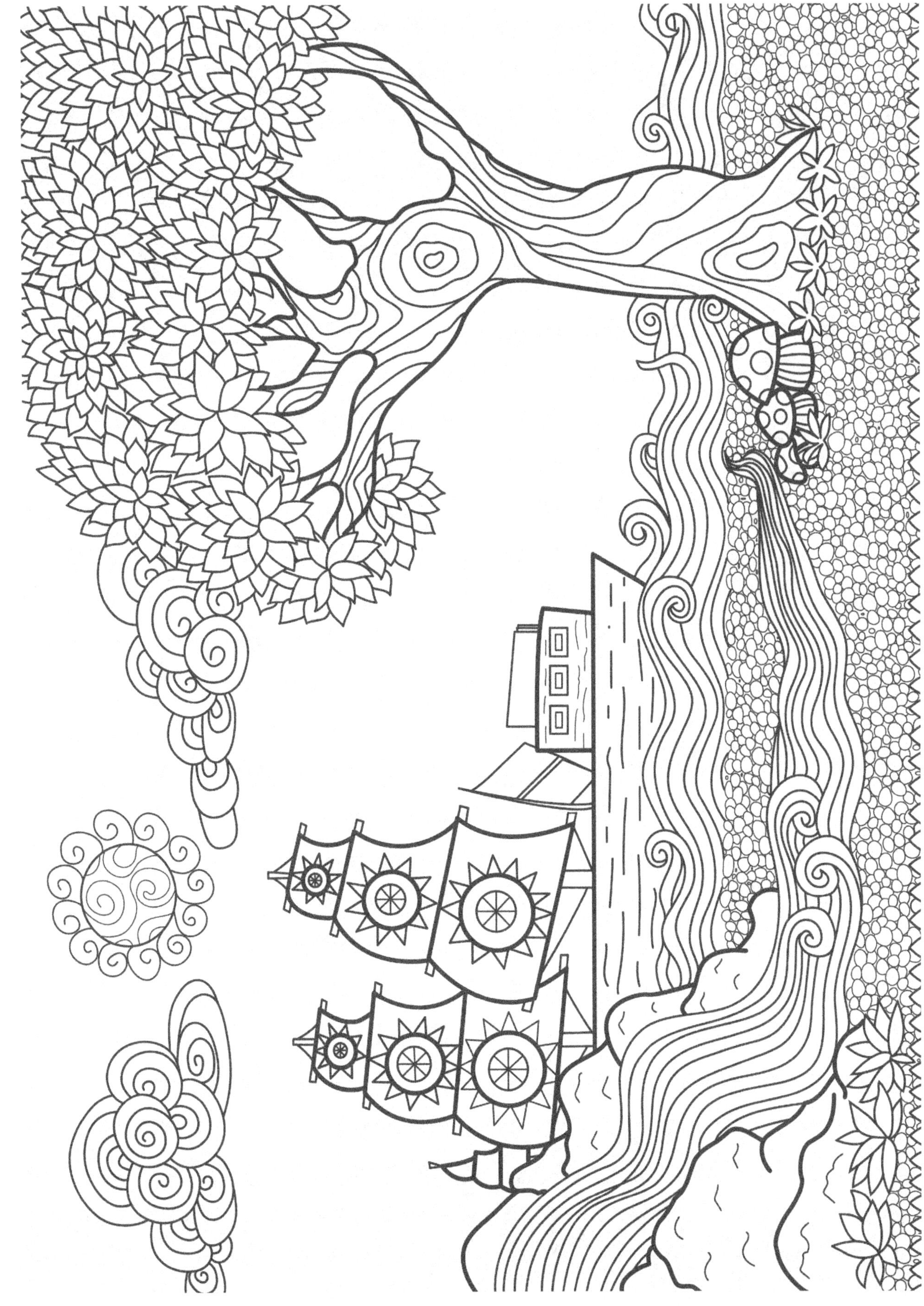

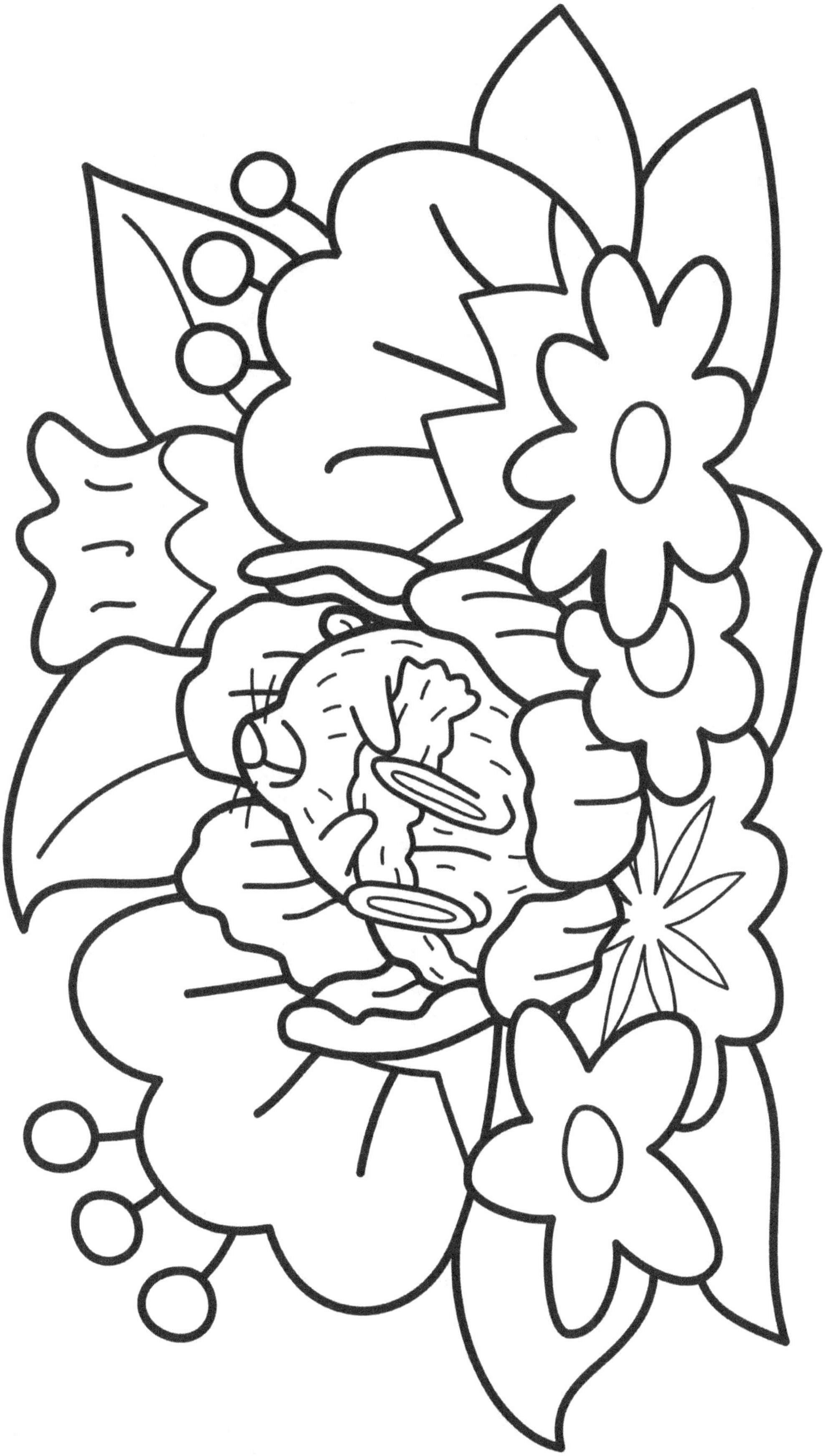

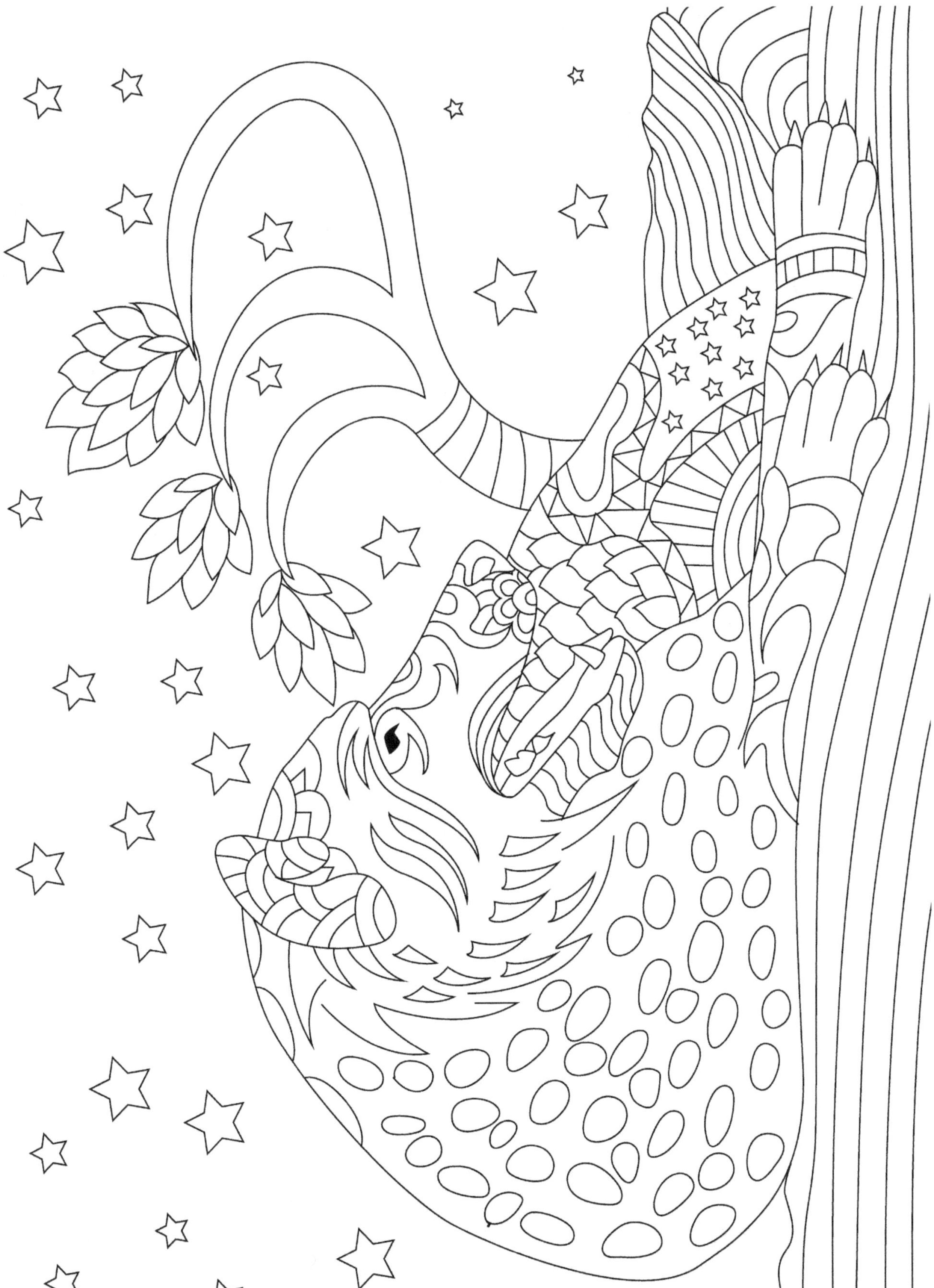

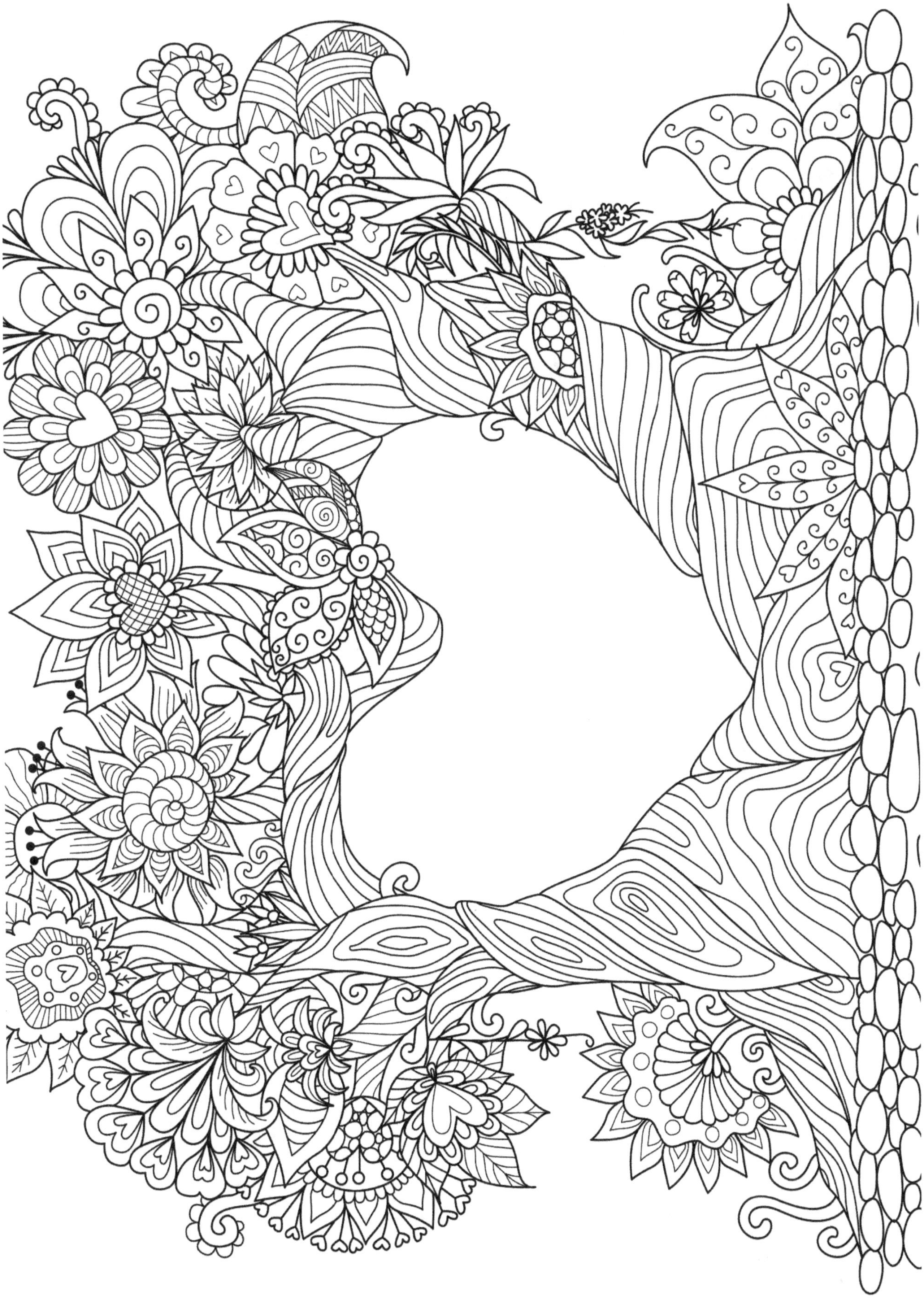

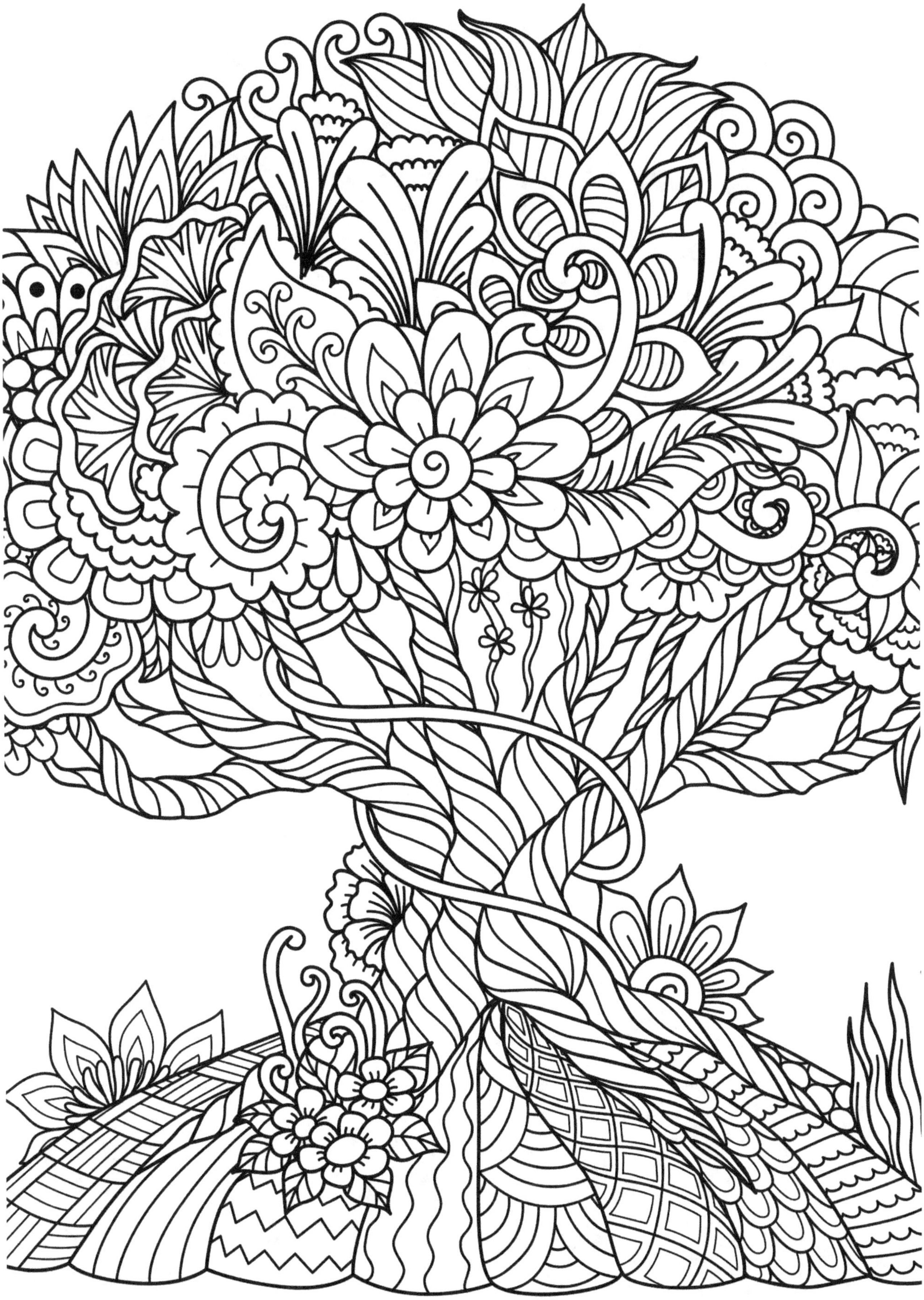

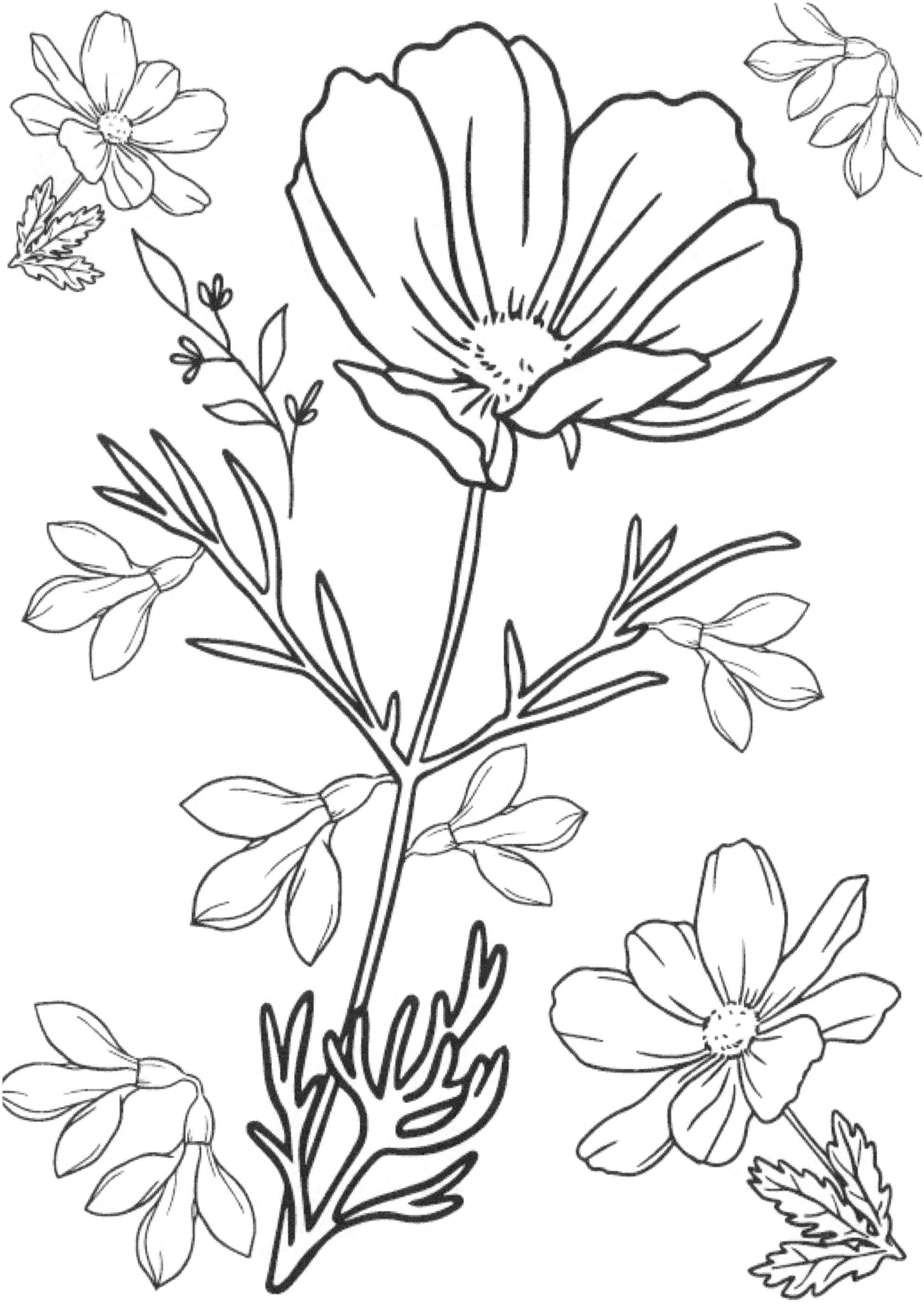

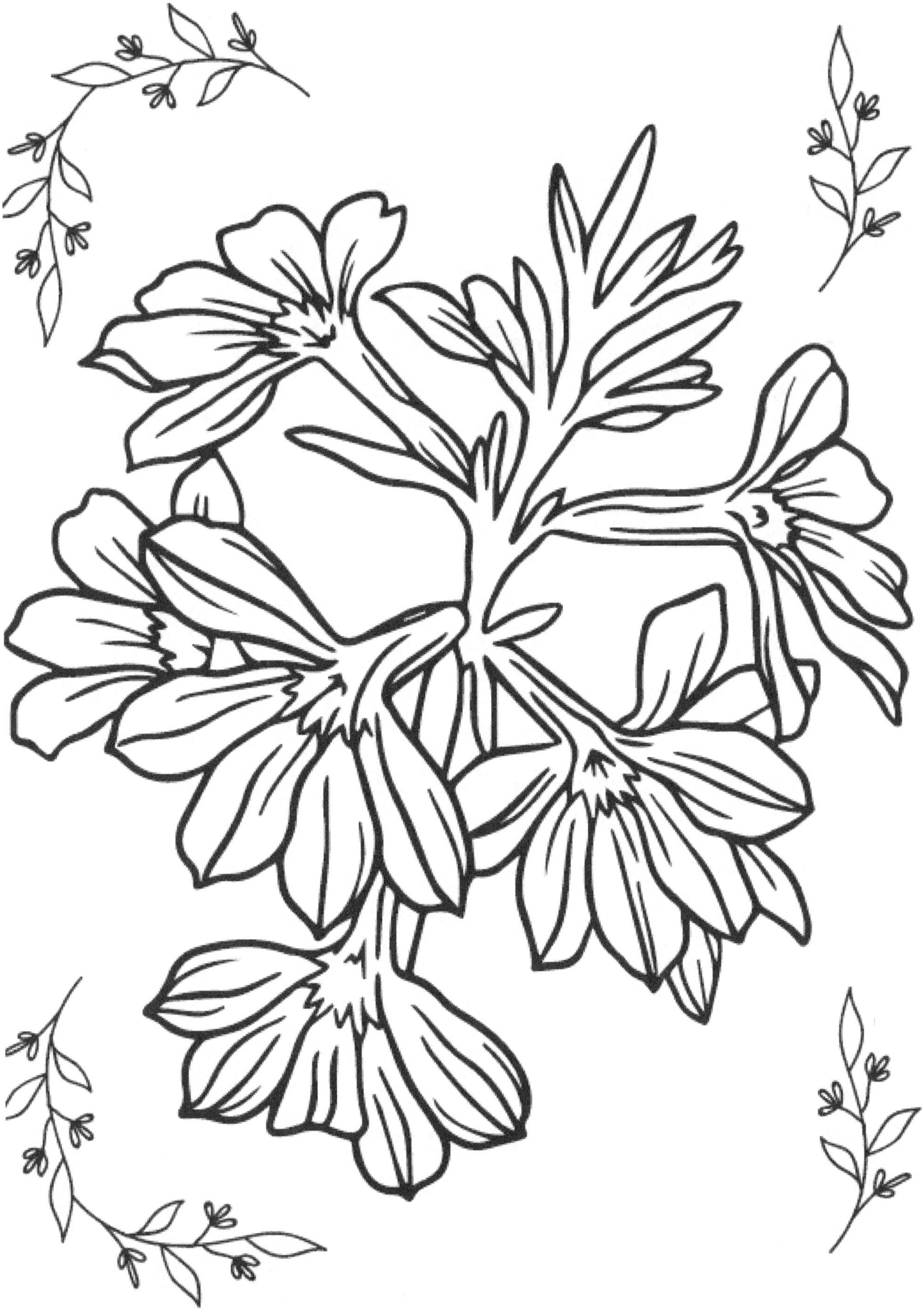

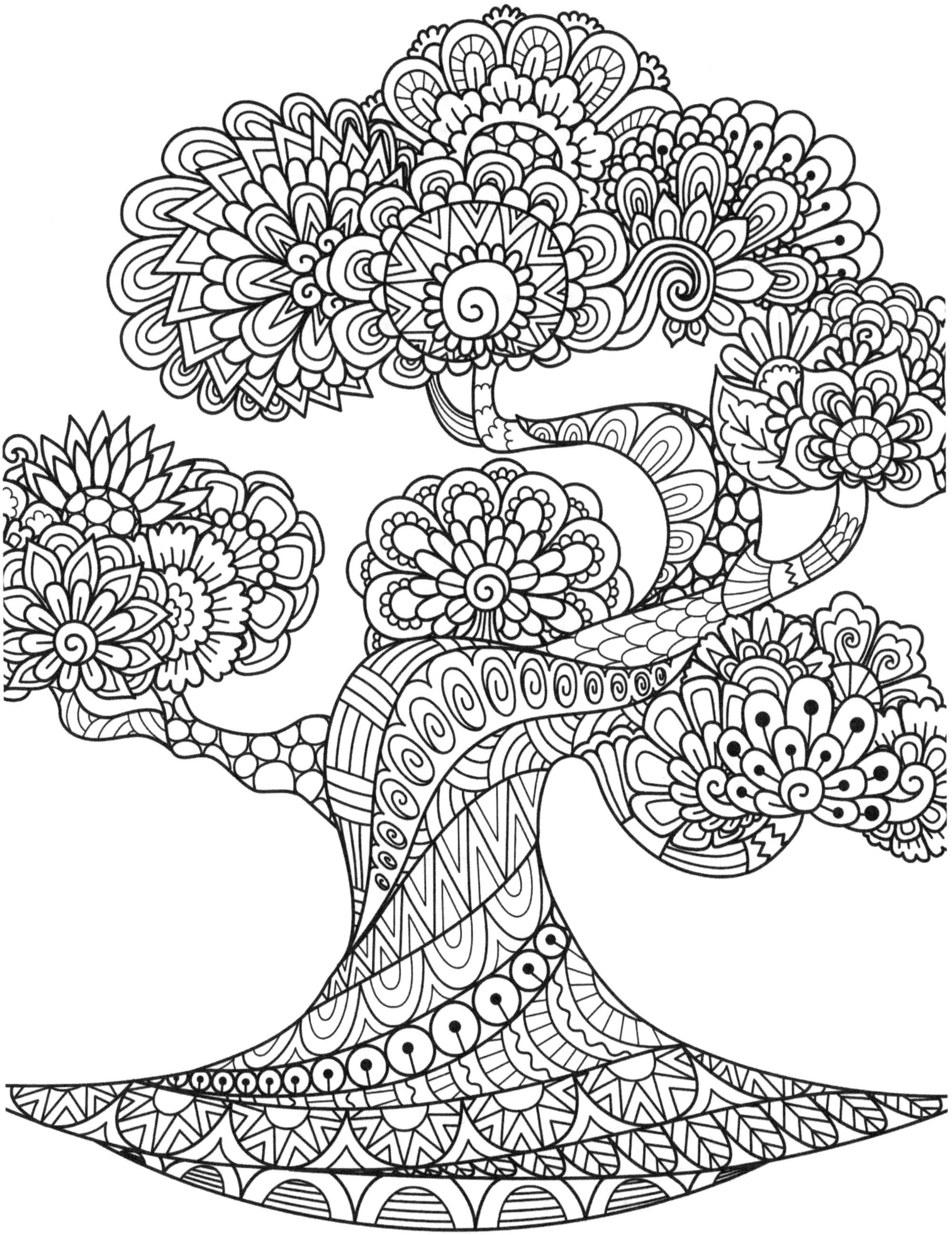

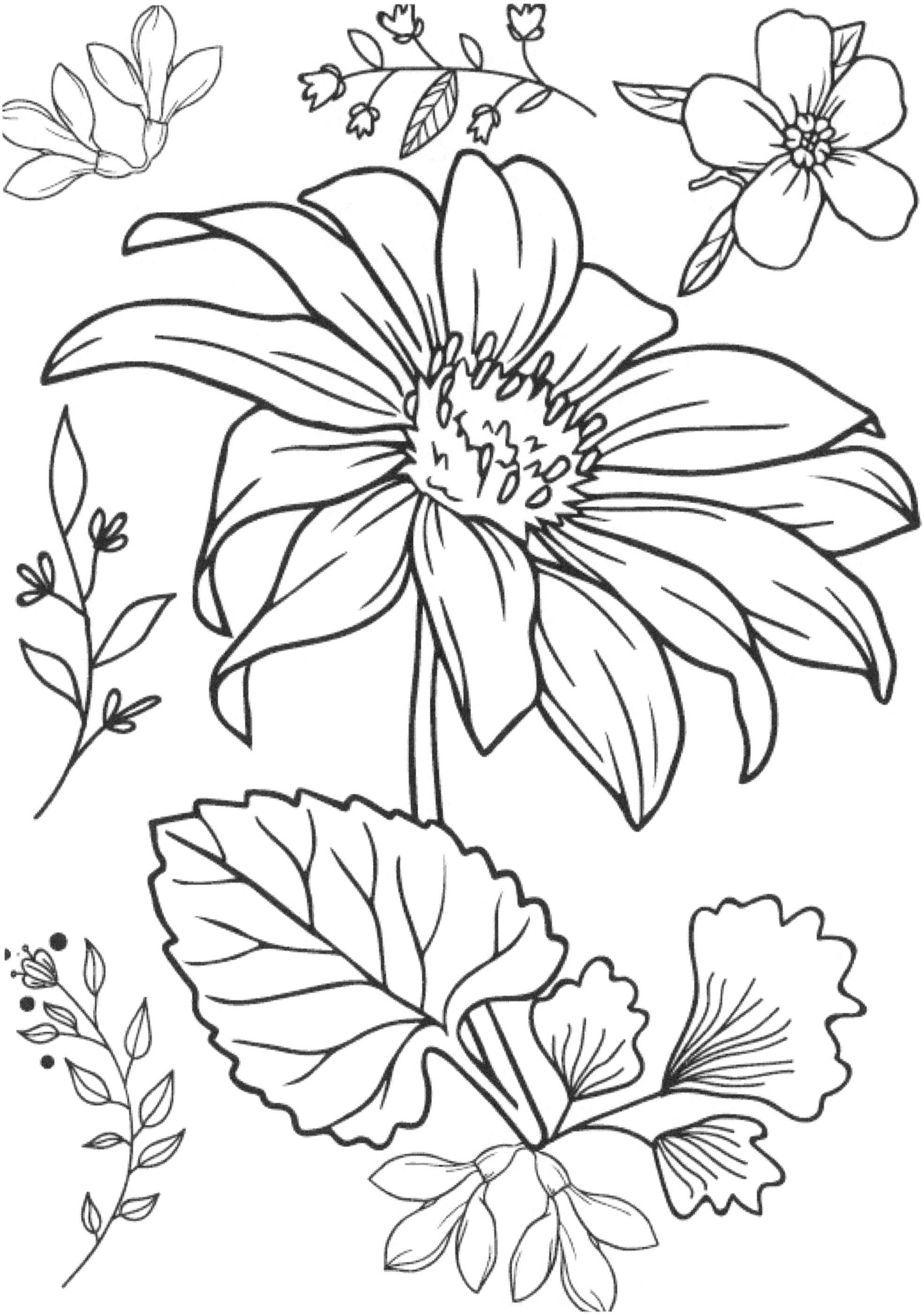

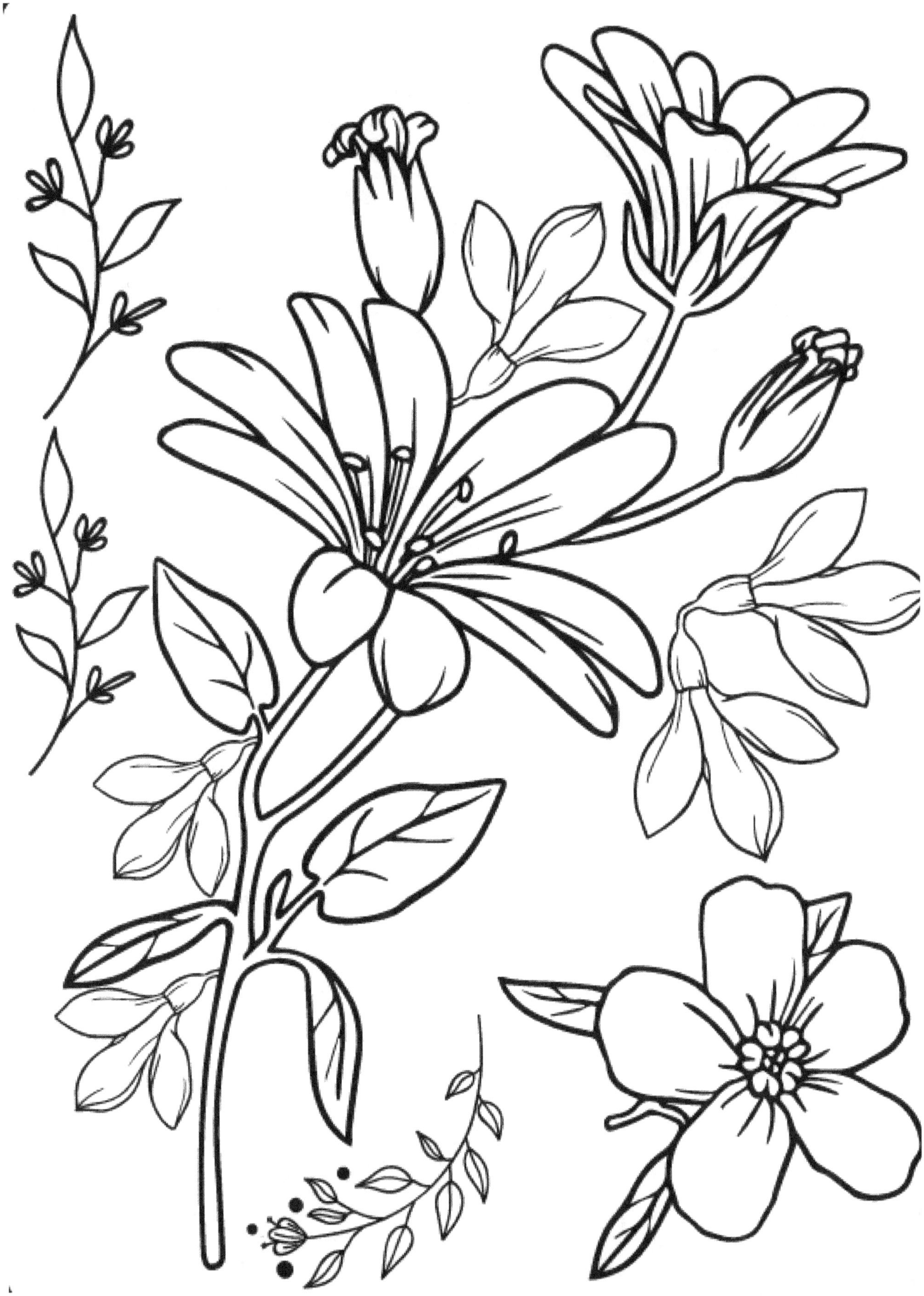

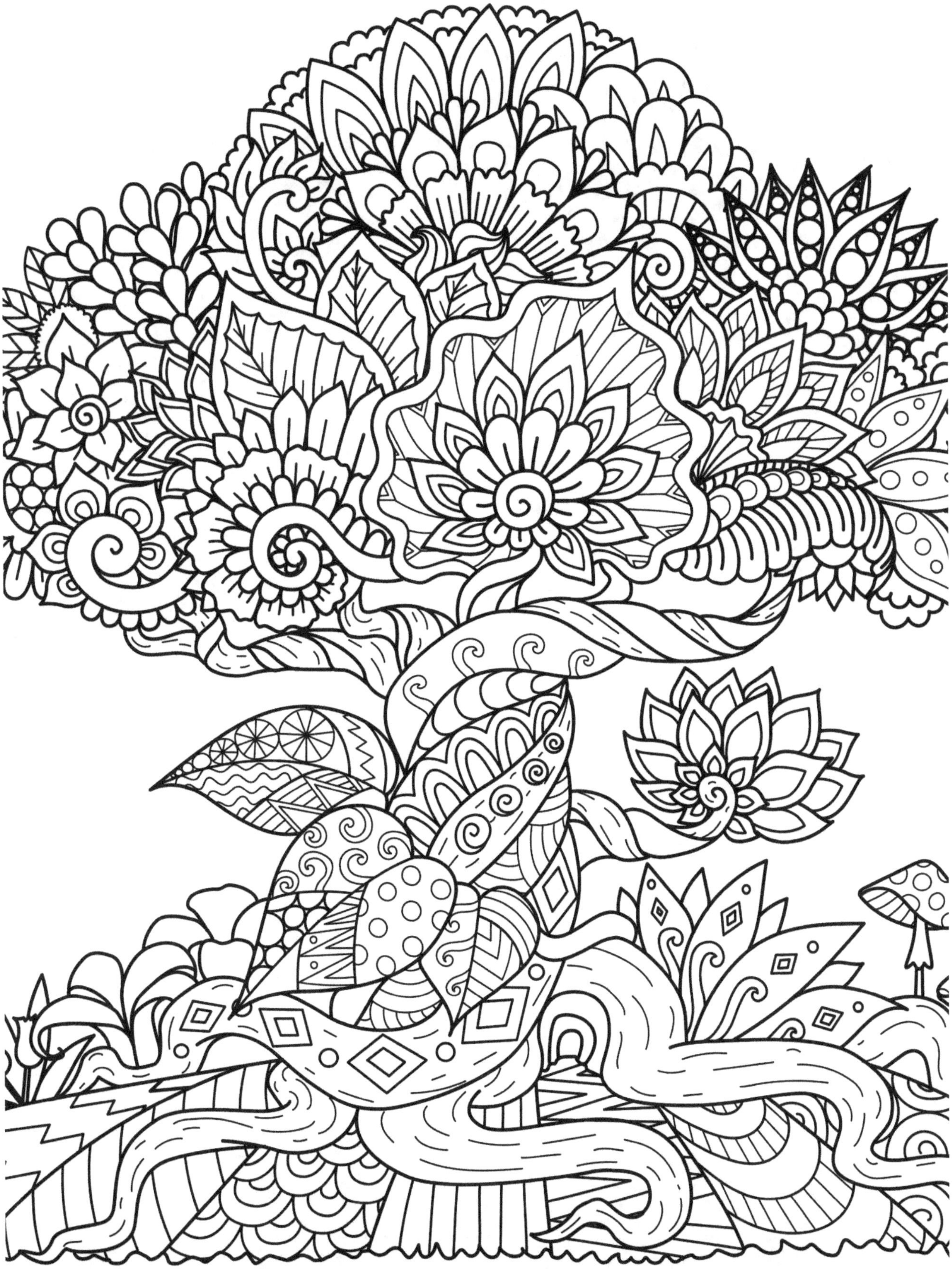

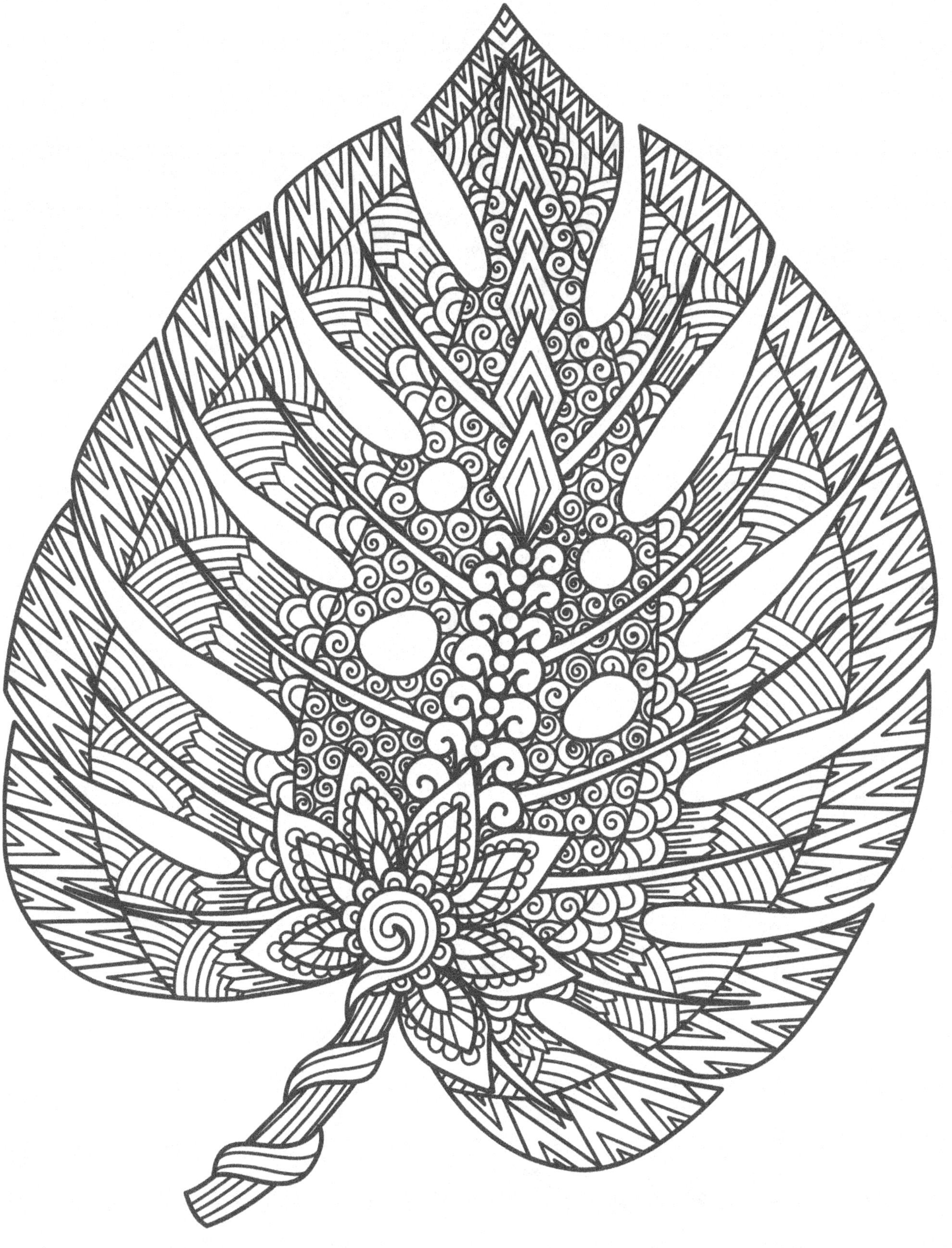

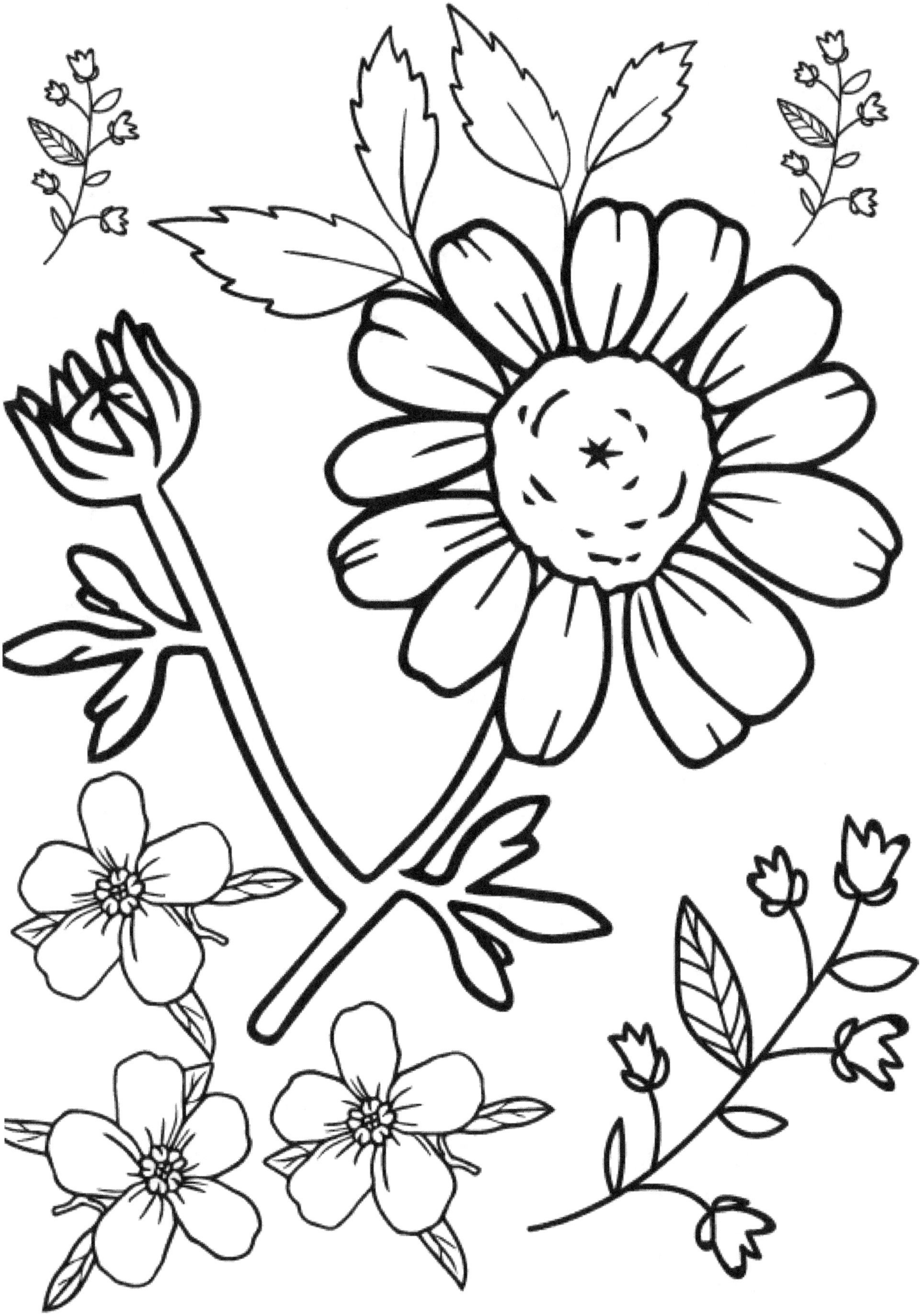

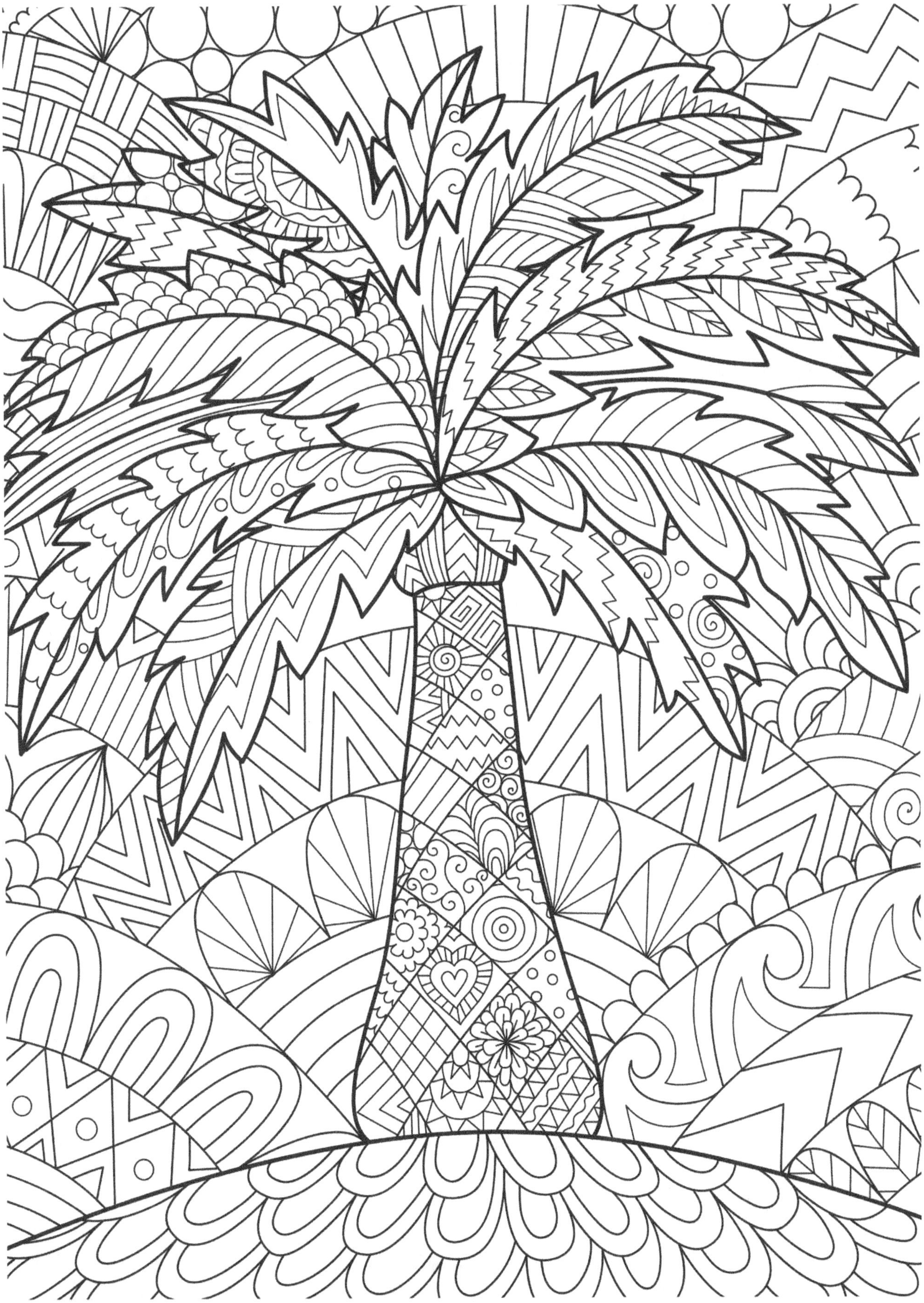

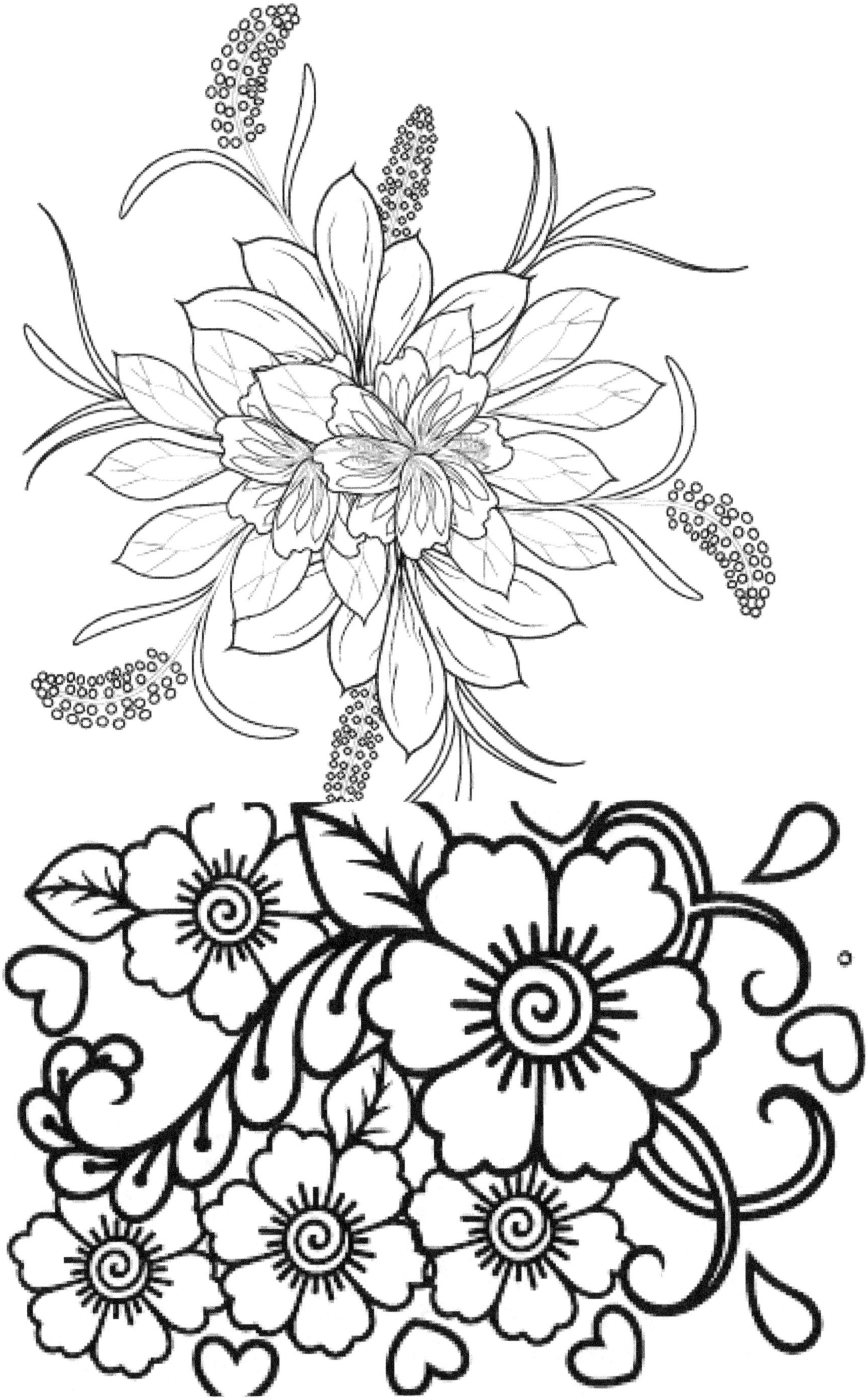

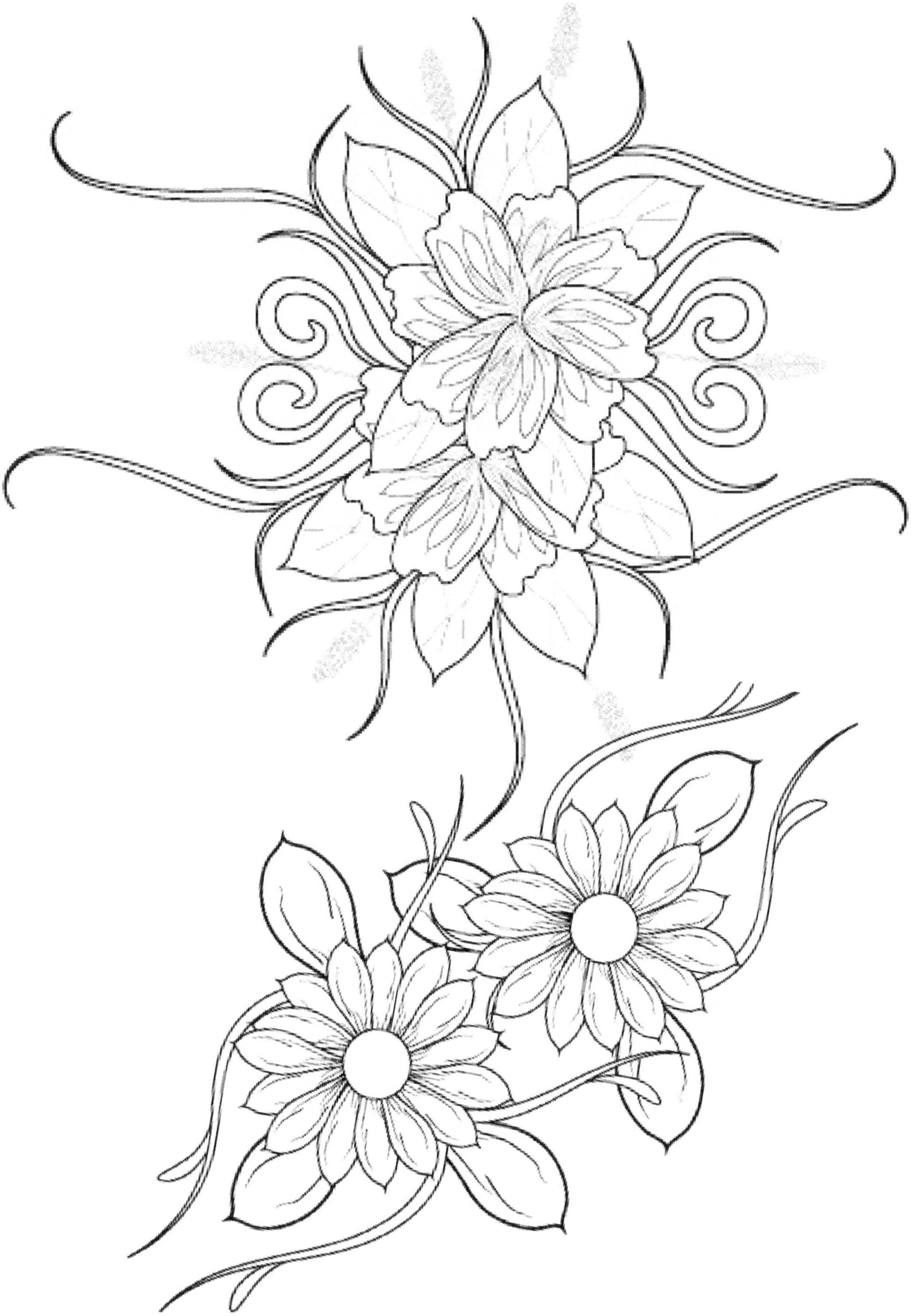

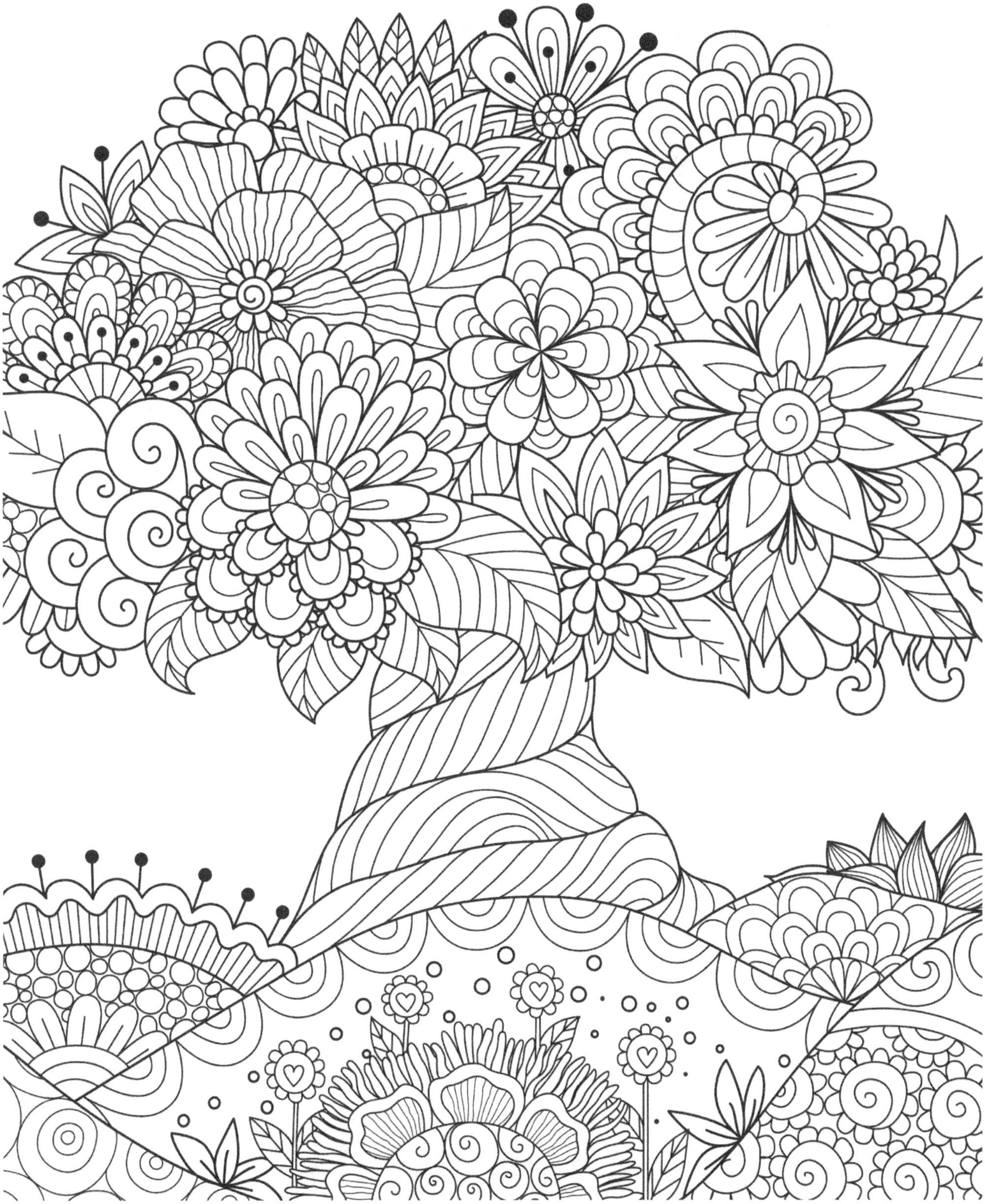

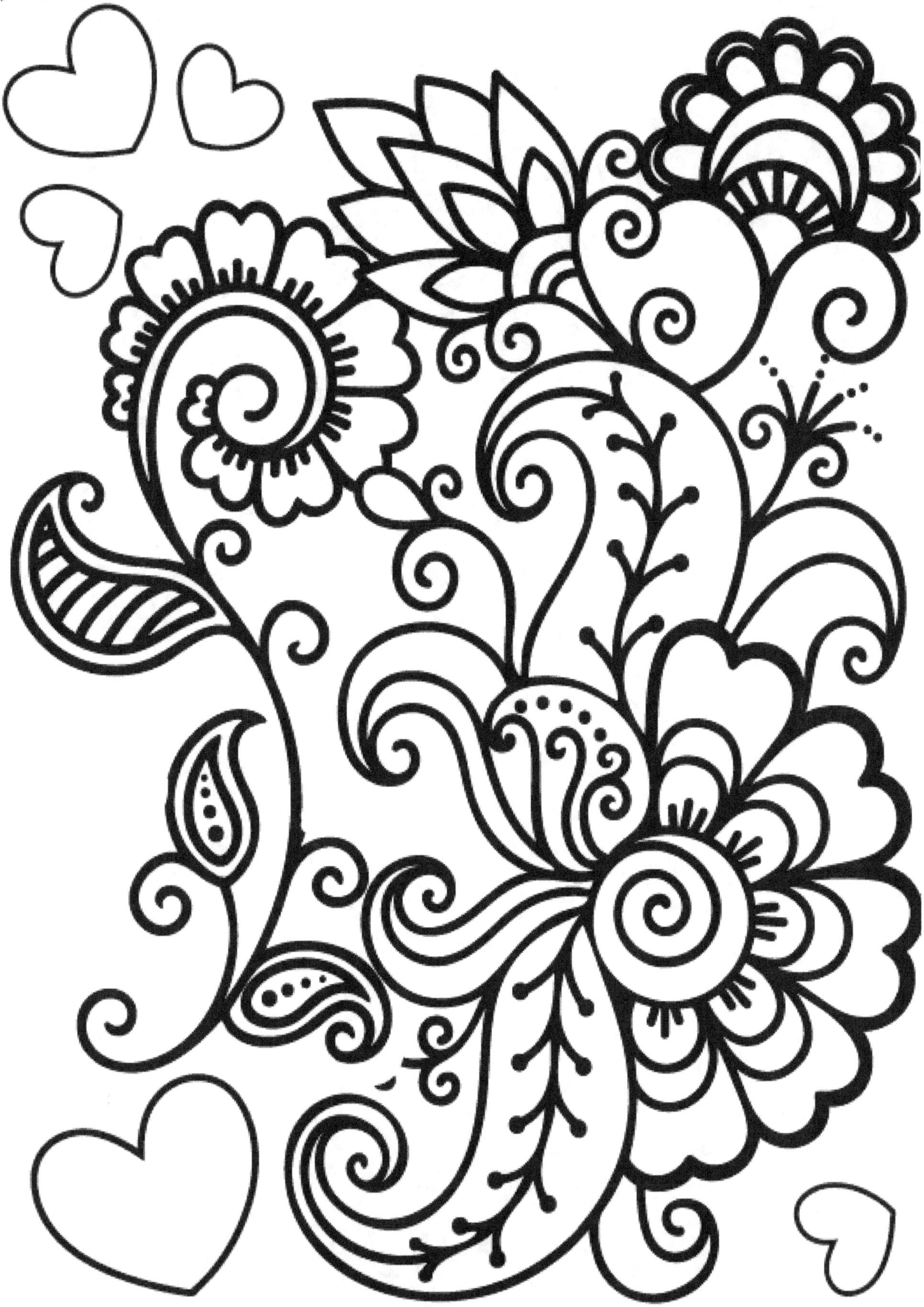

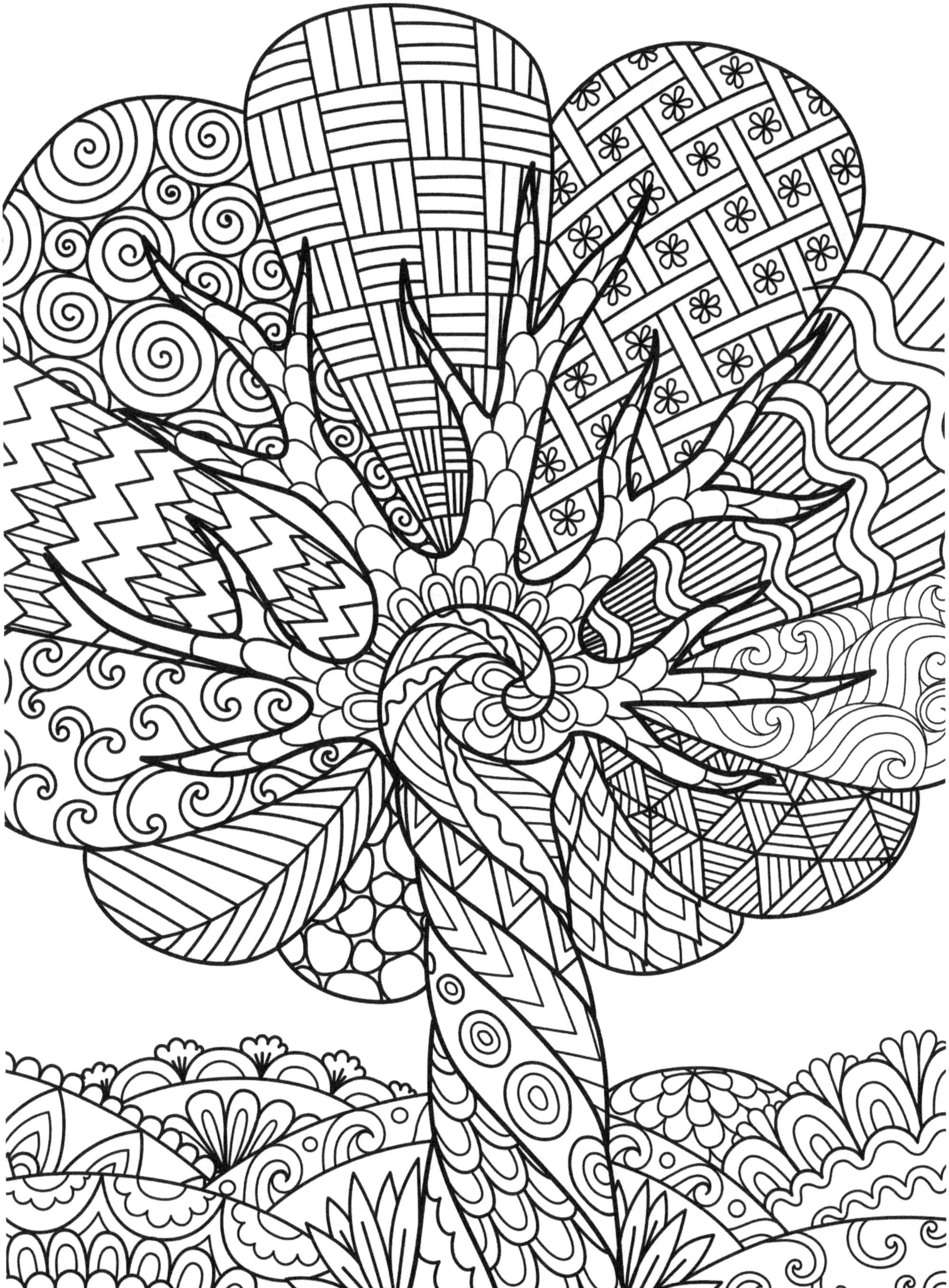

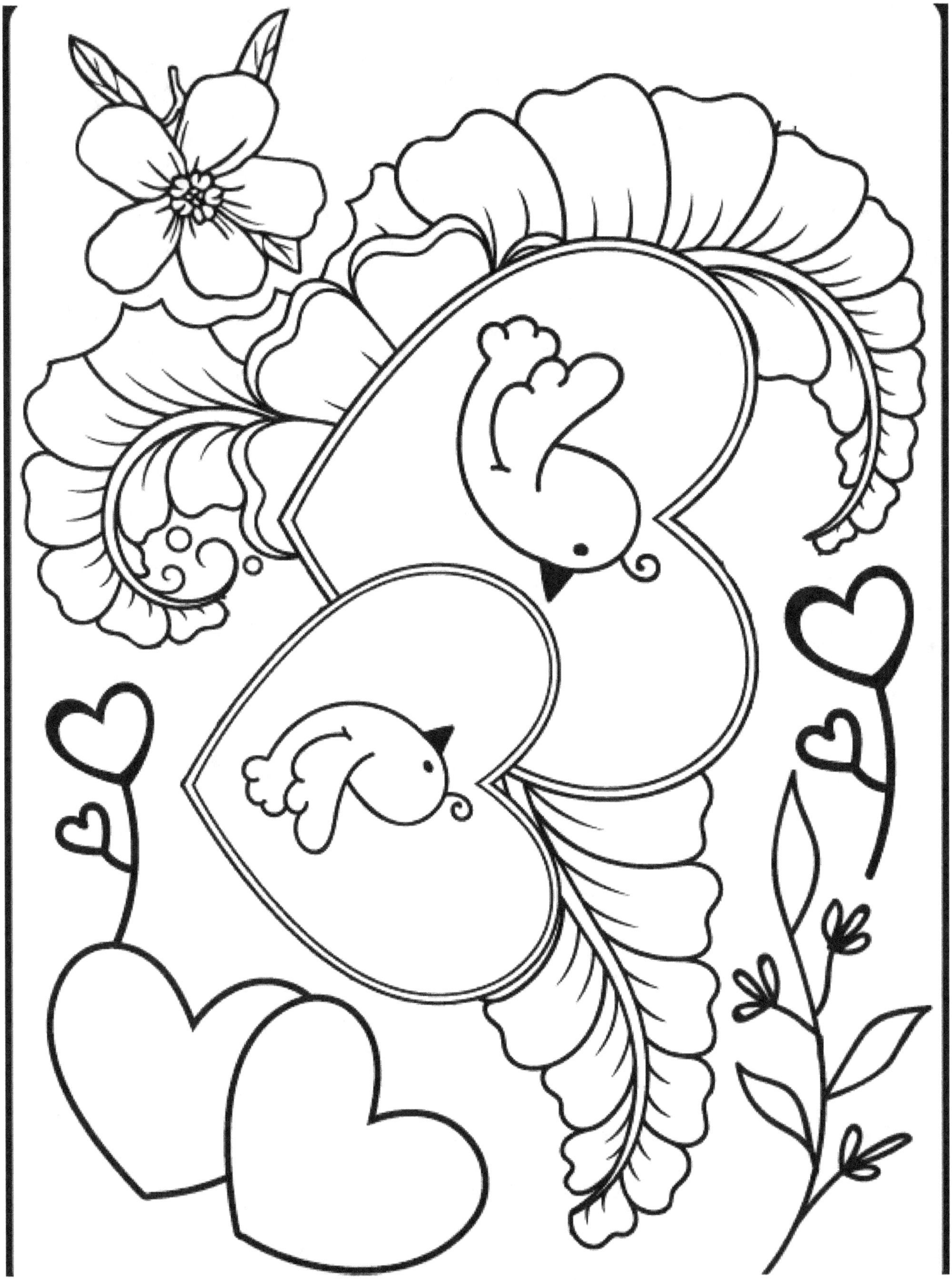

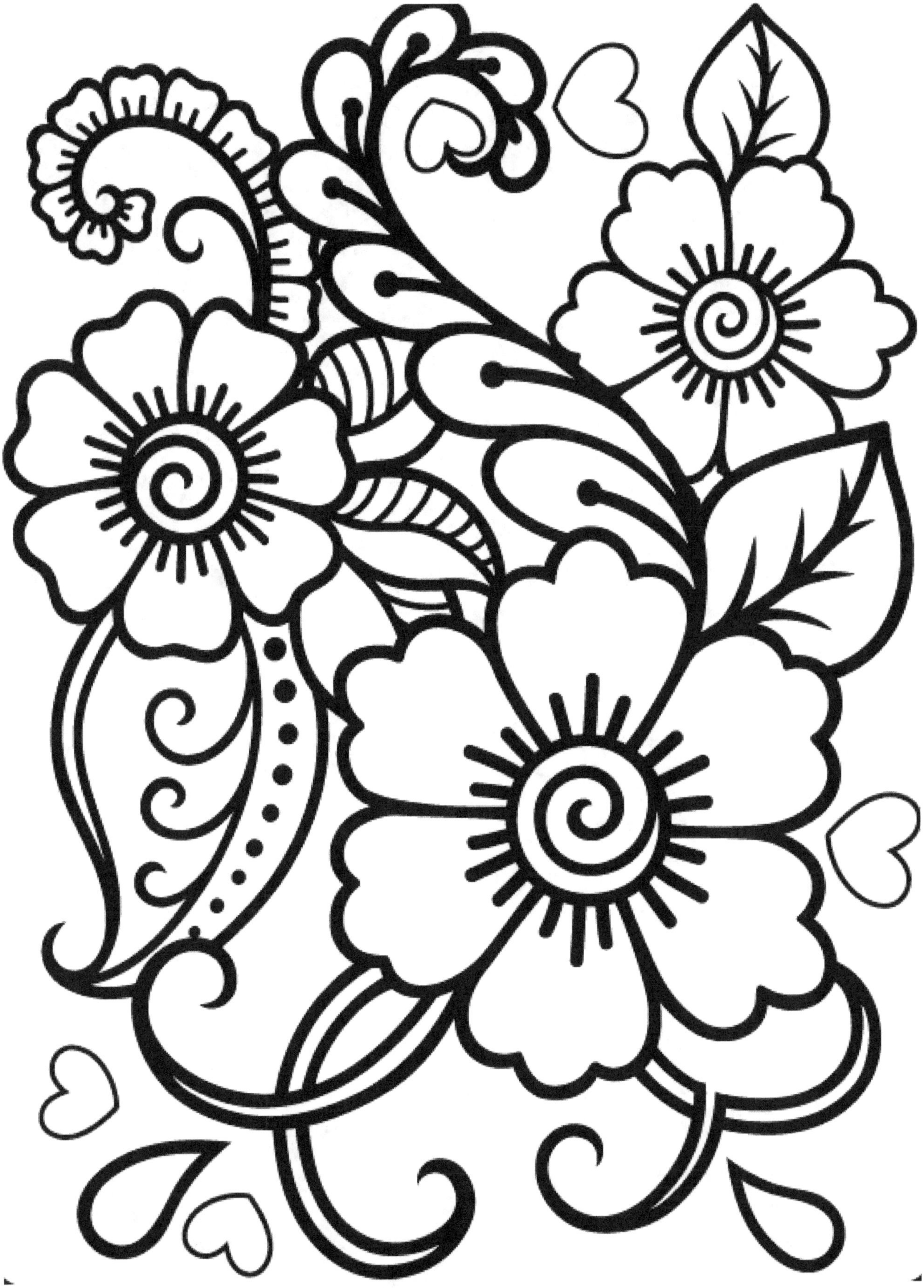

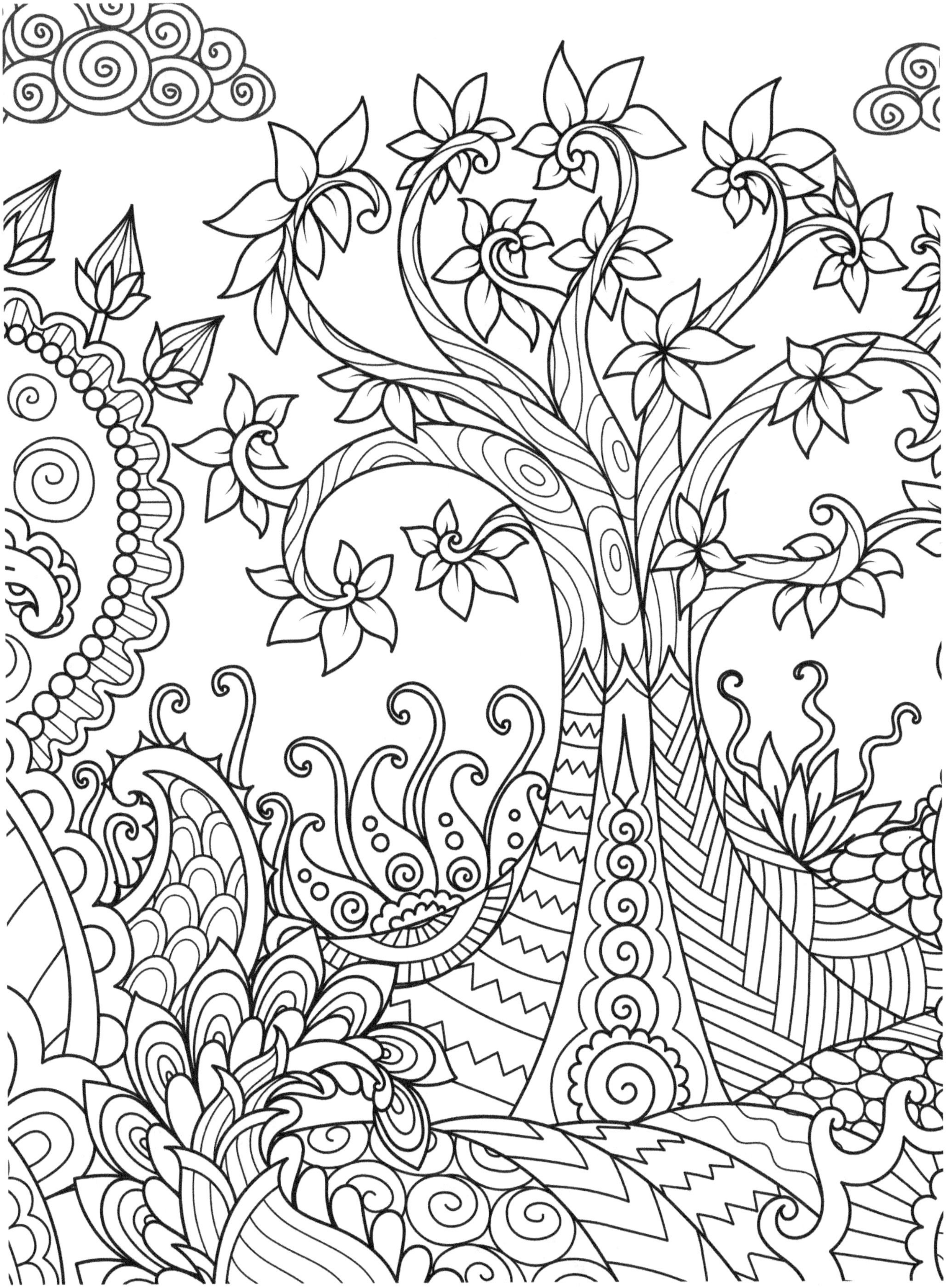

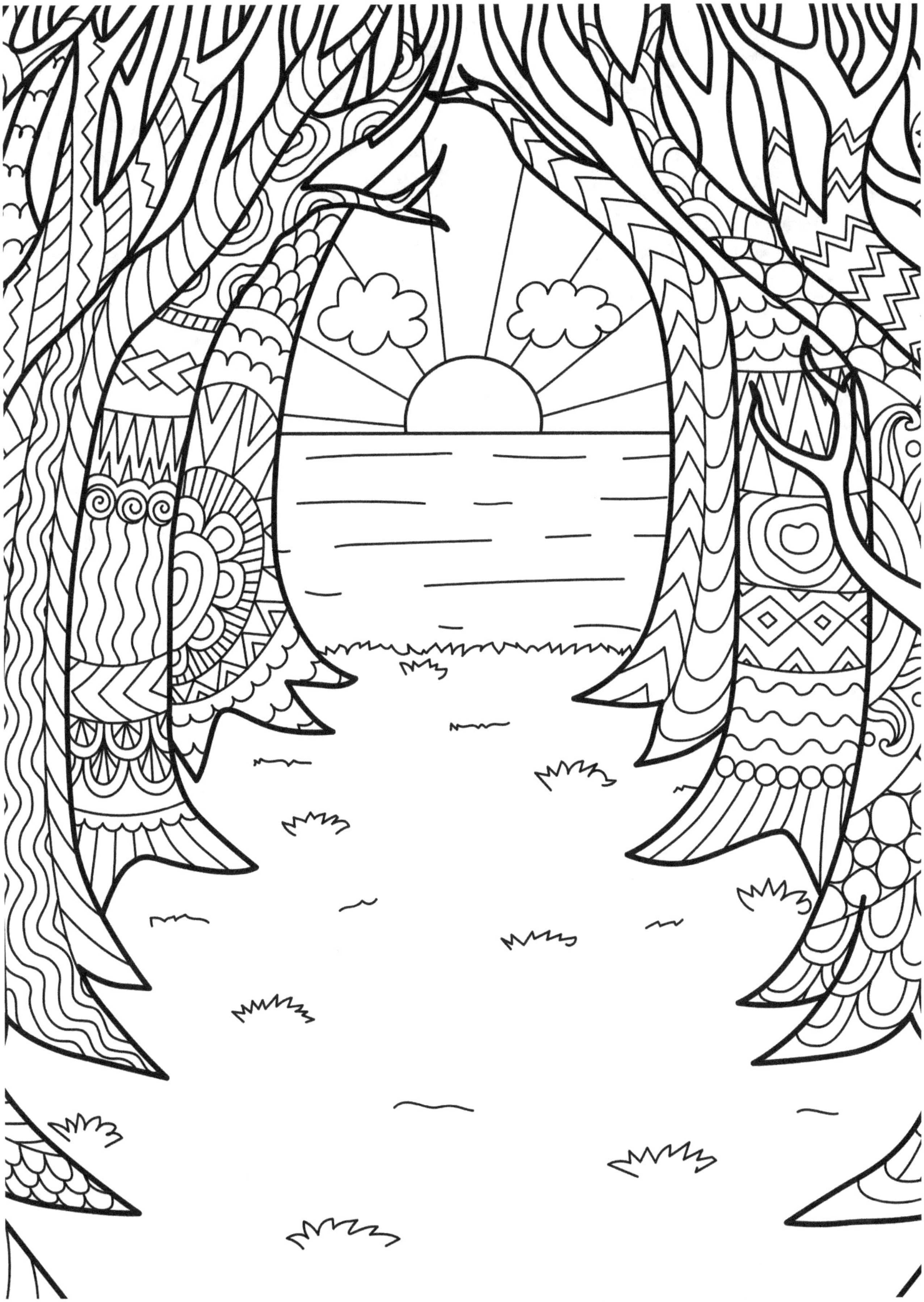

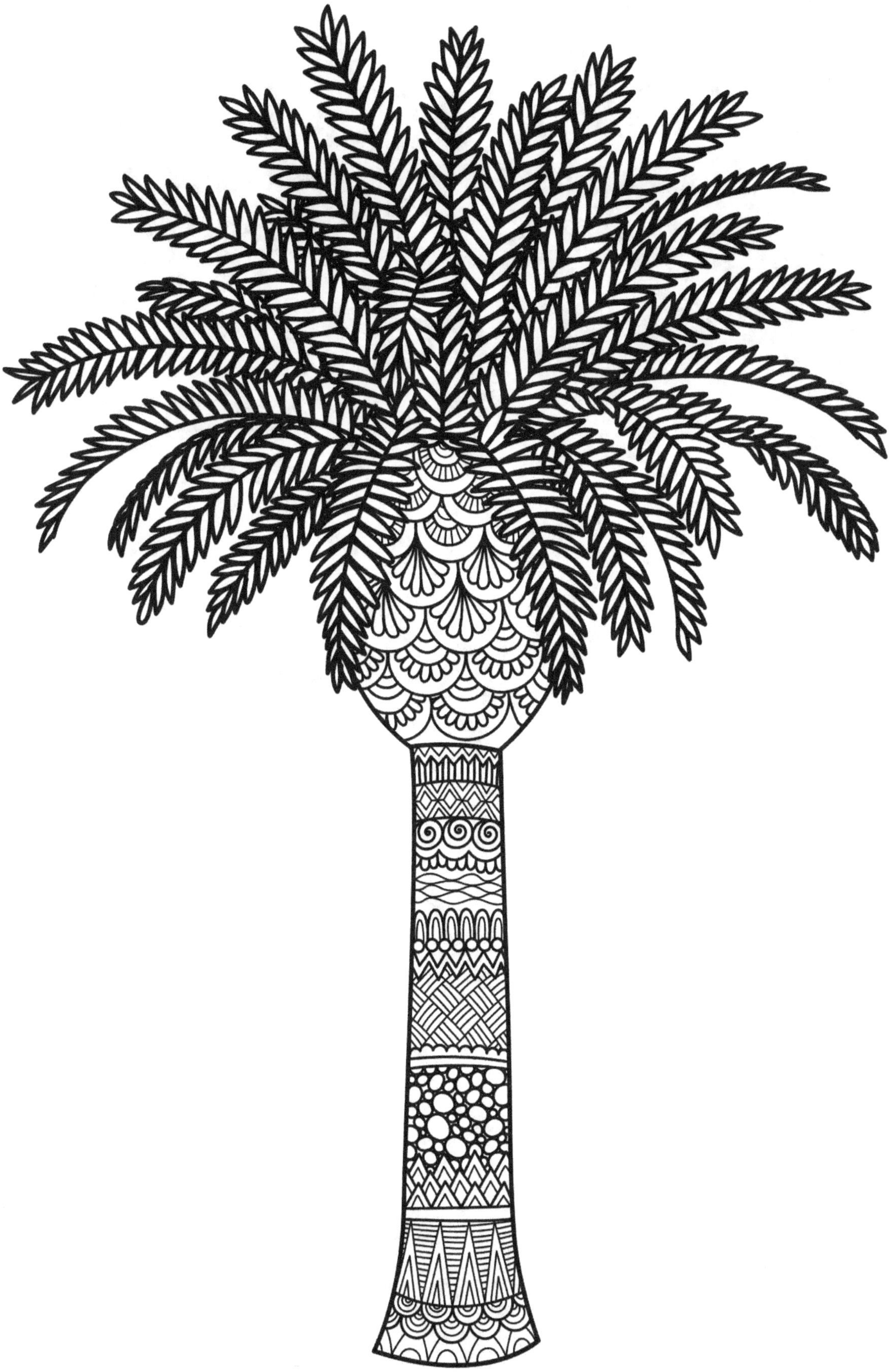

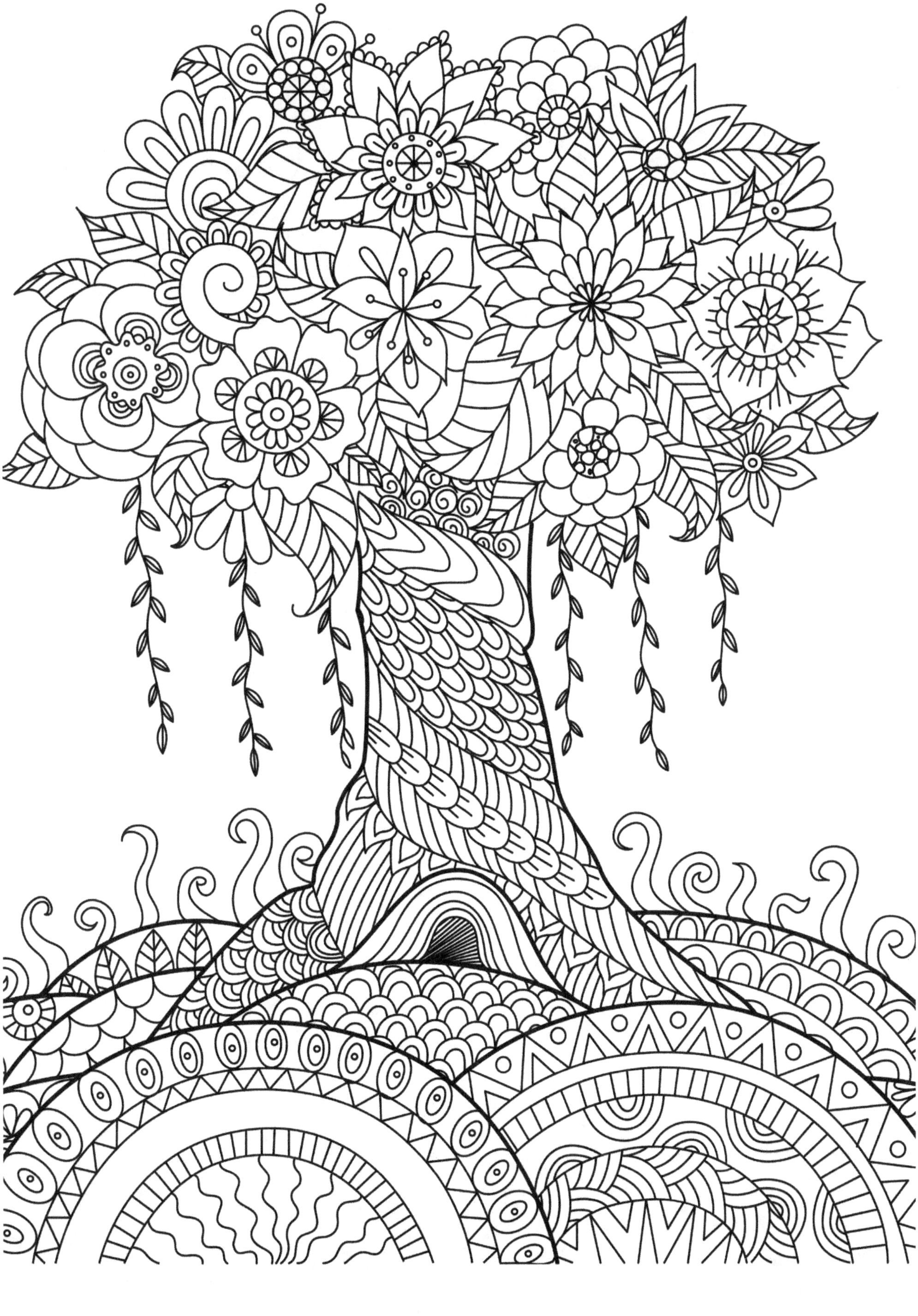

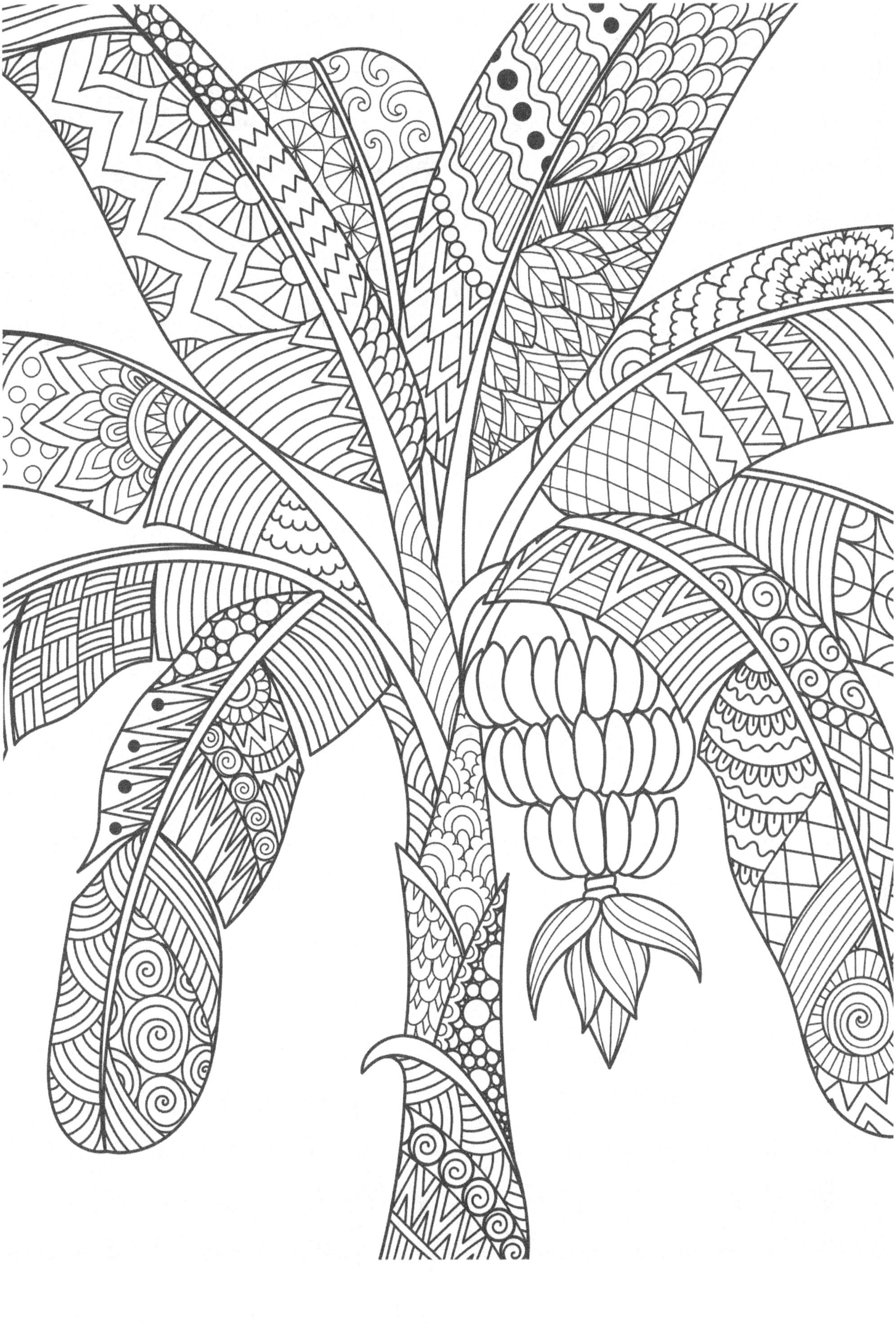

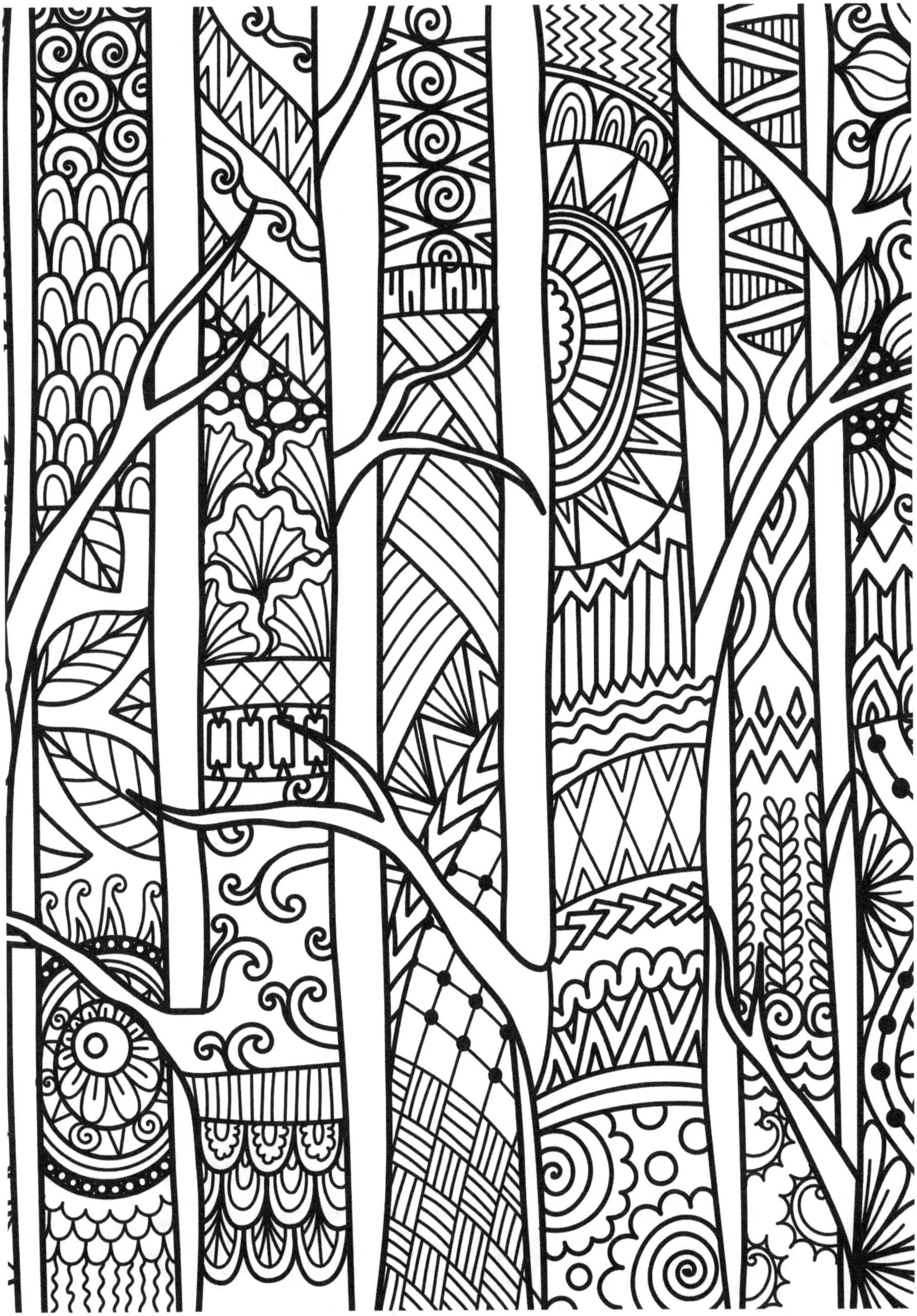

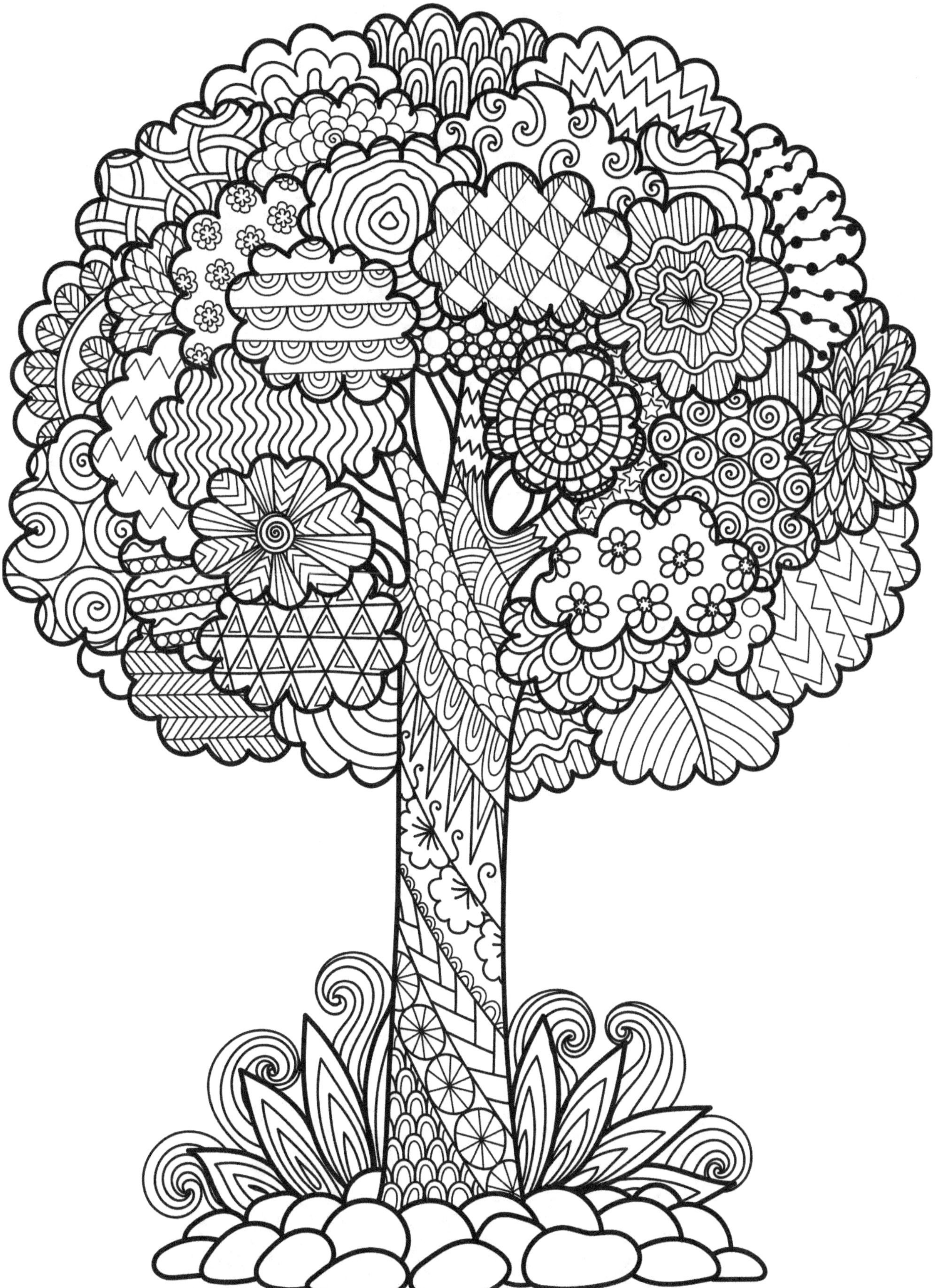

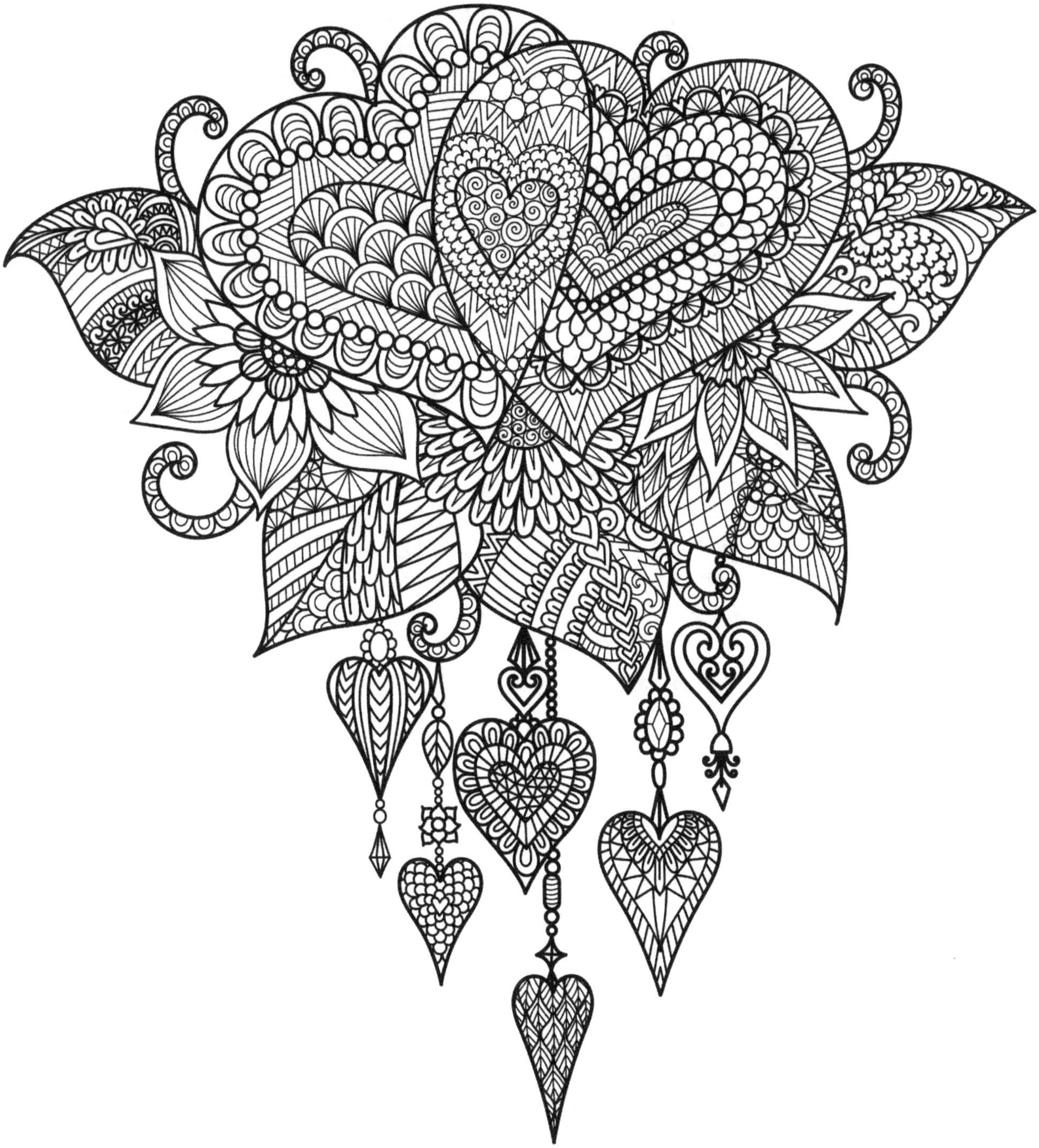

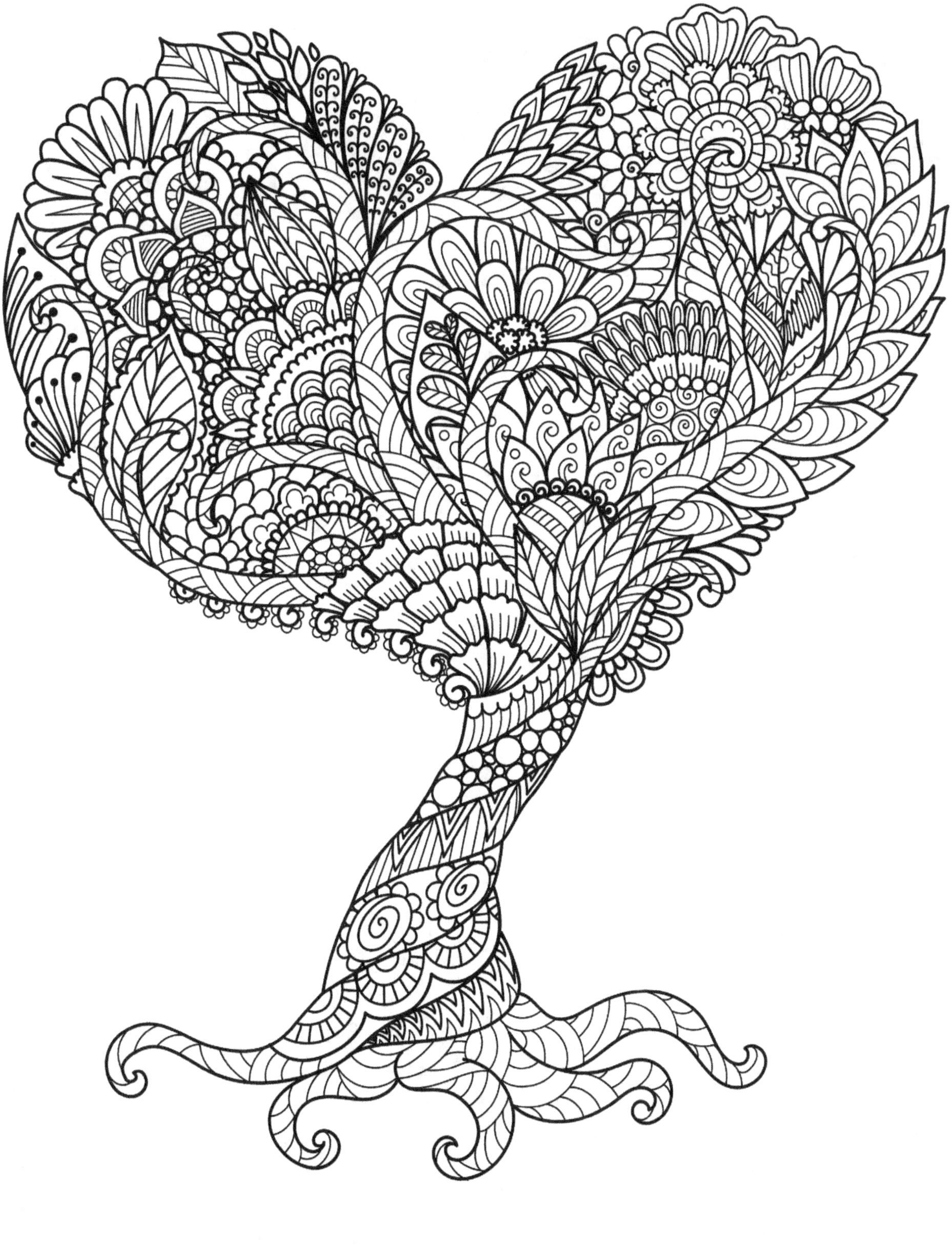

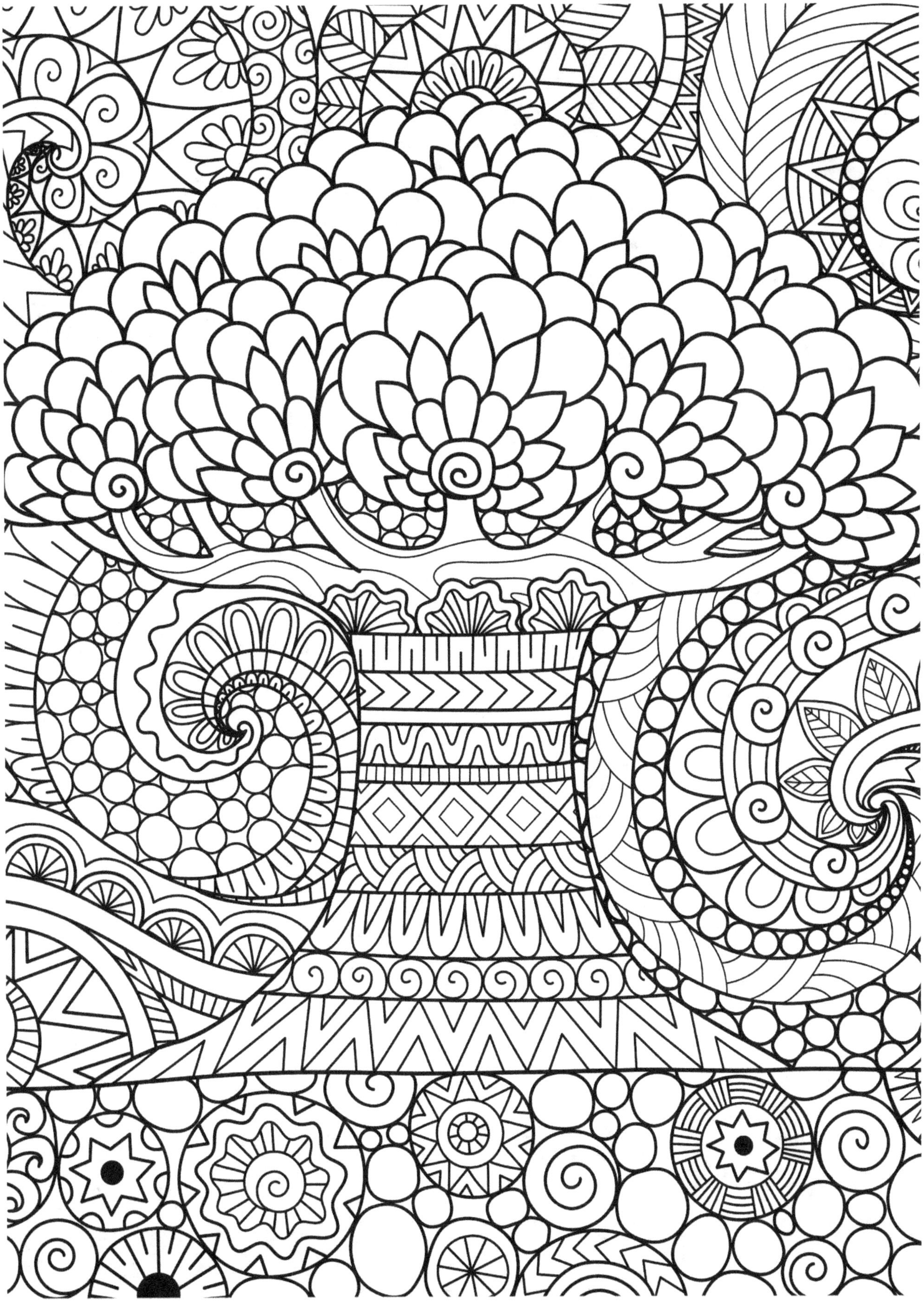

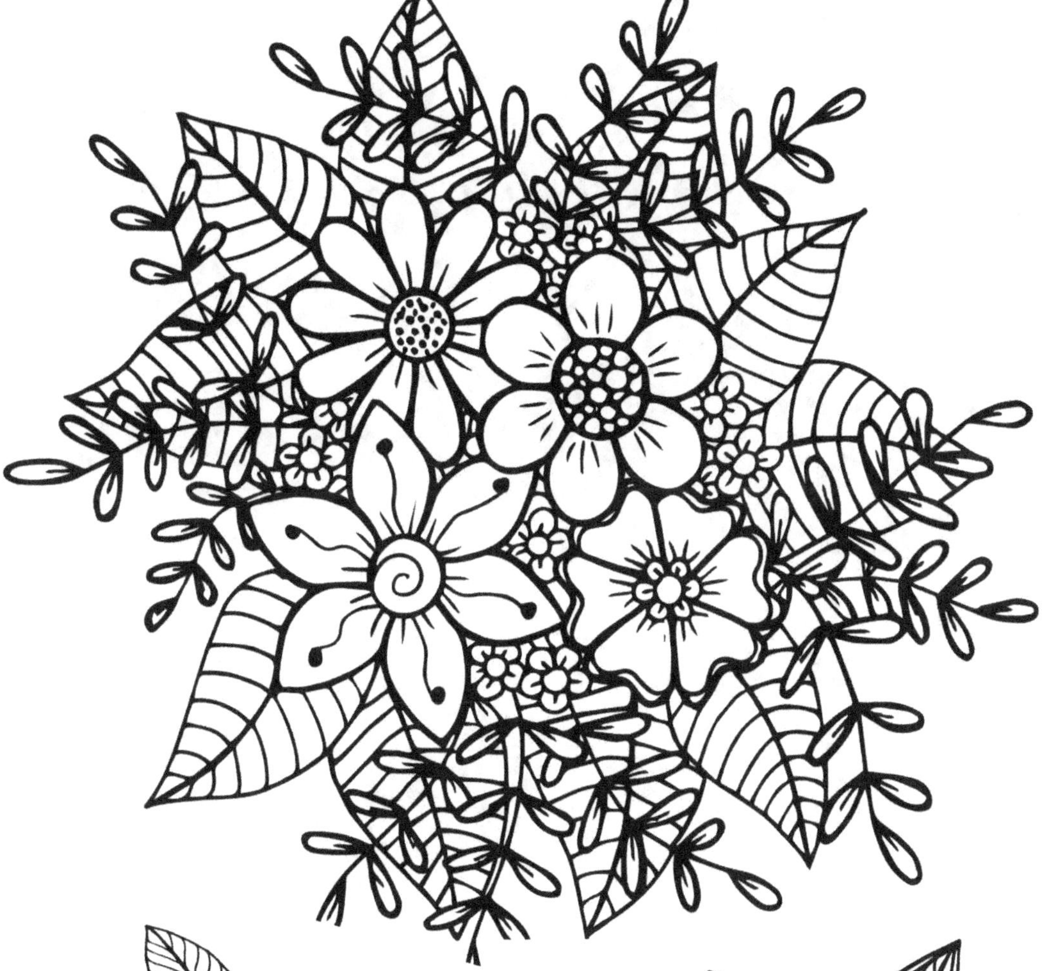
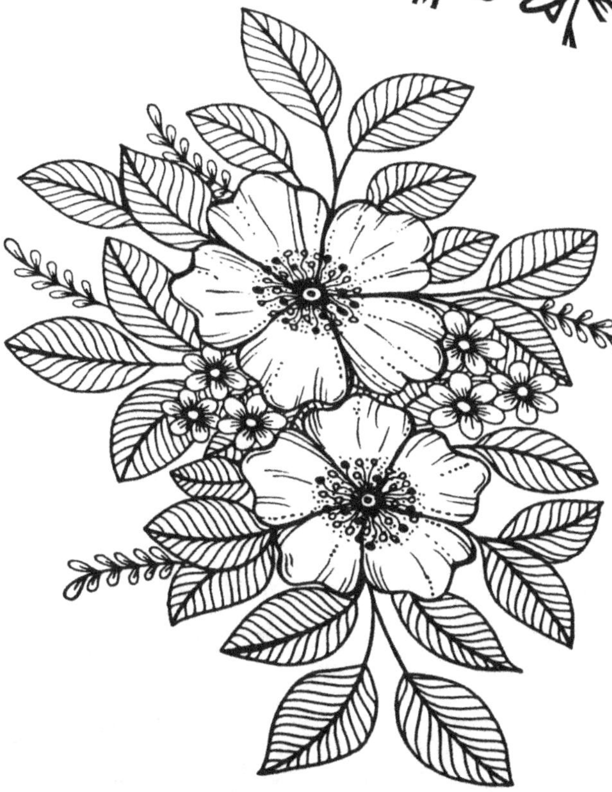
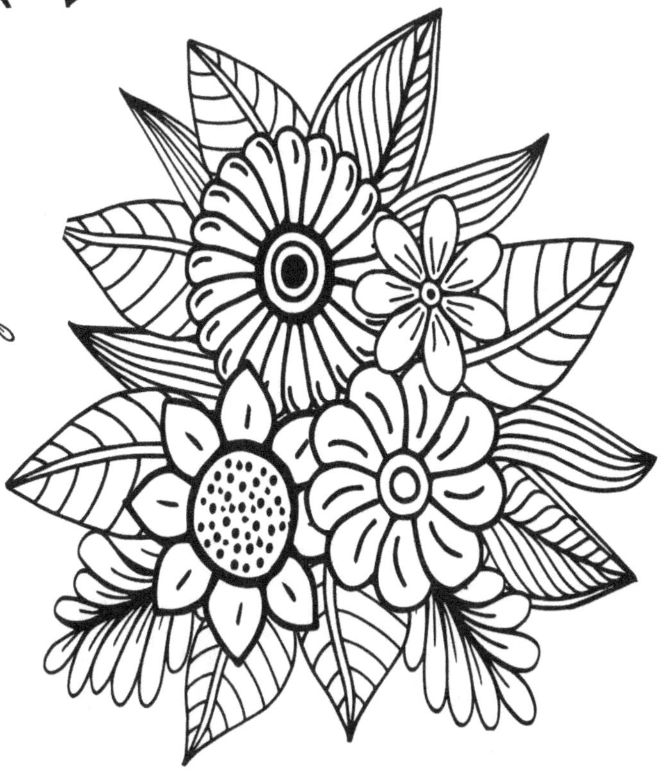

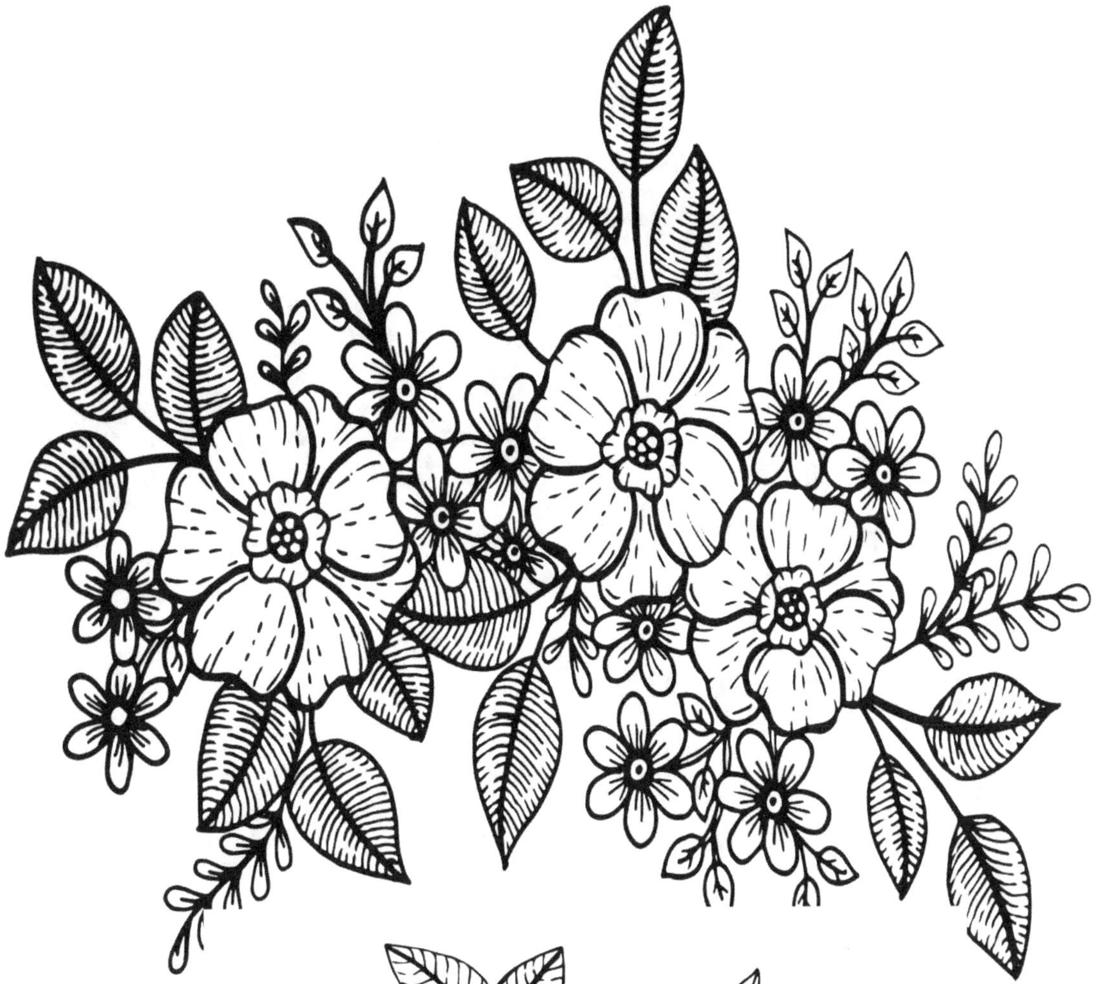

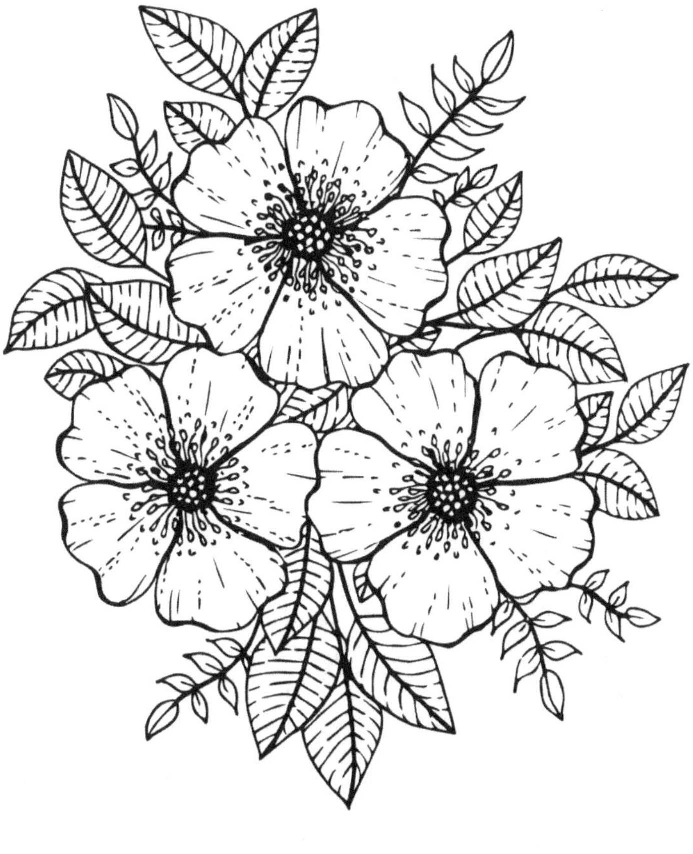

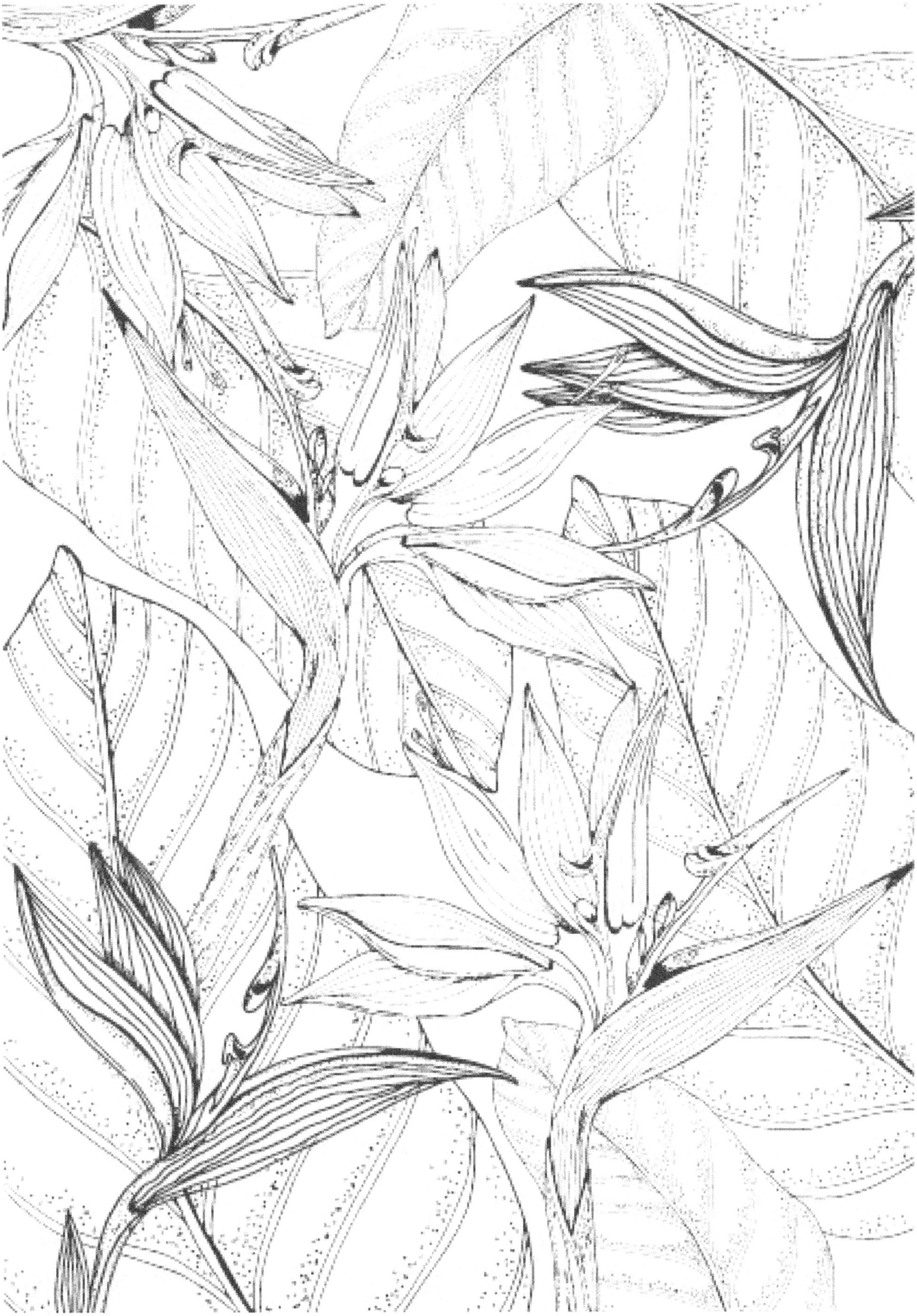

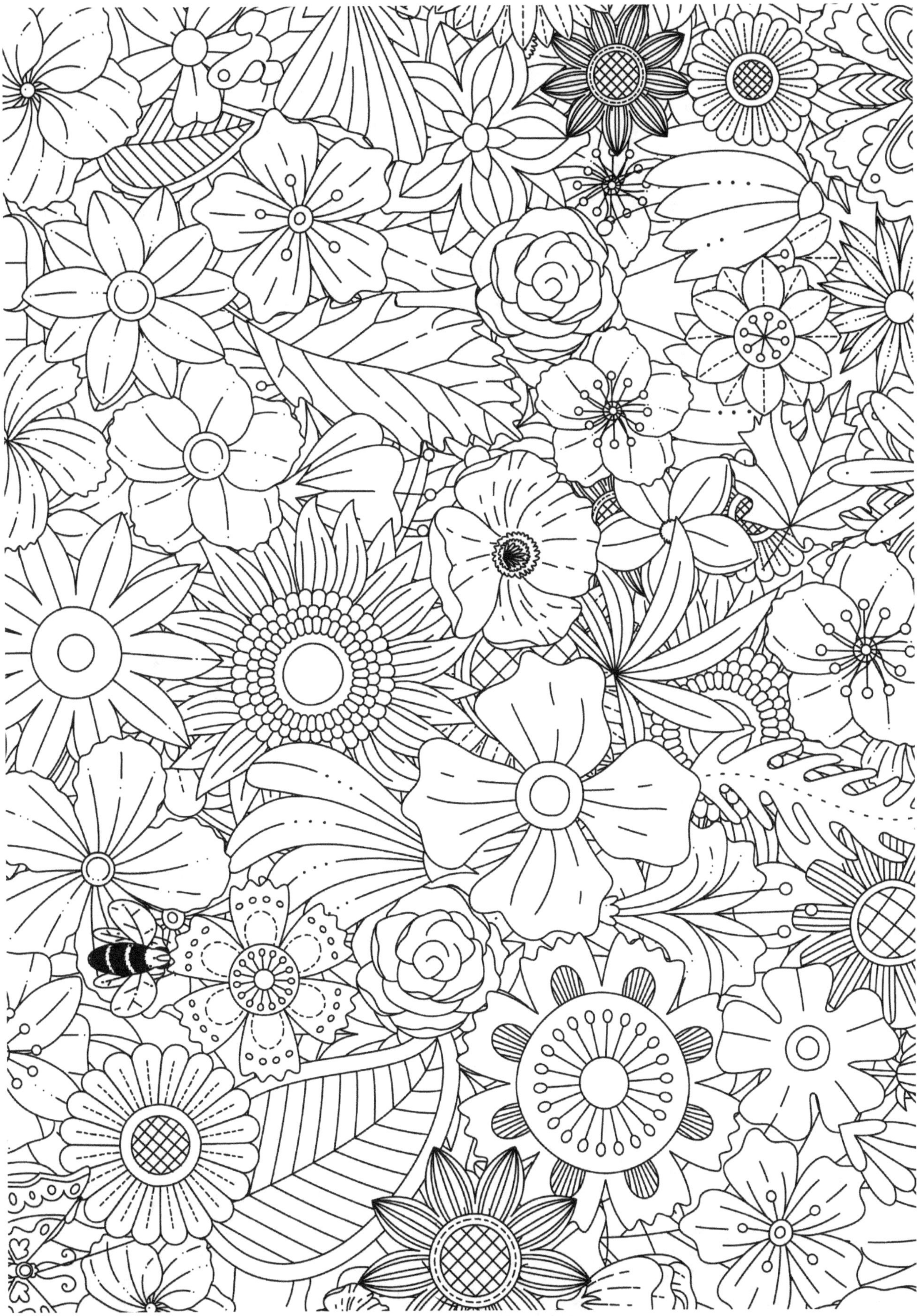

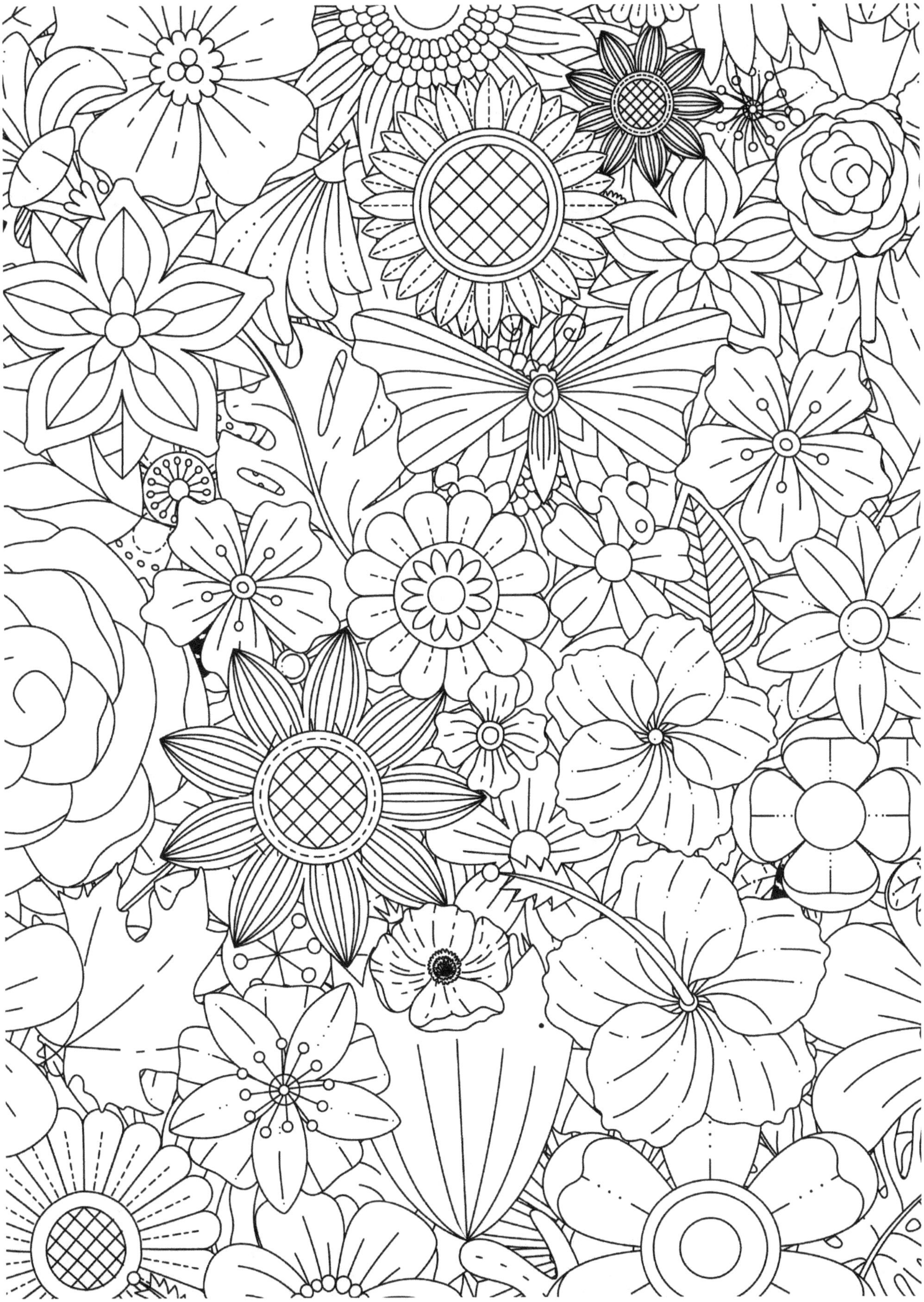

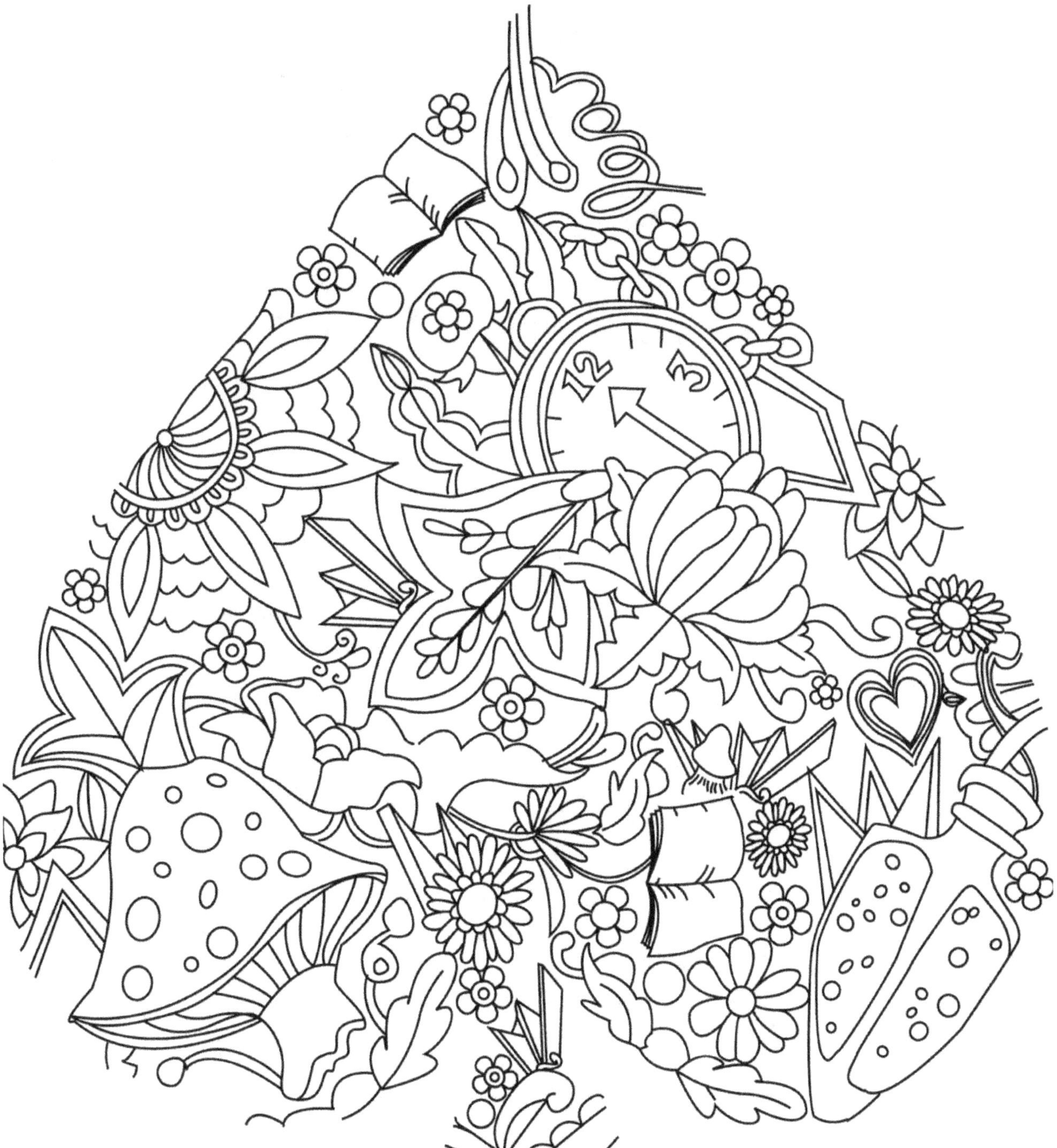
12
3

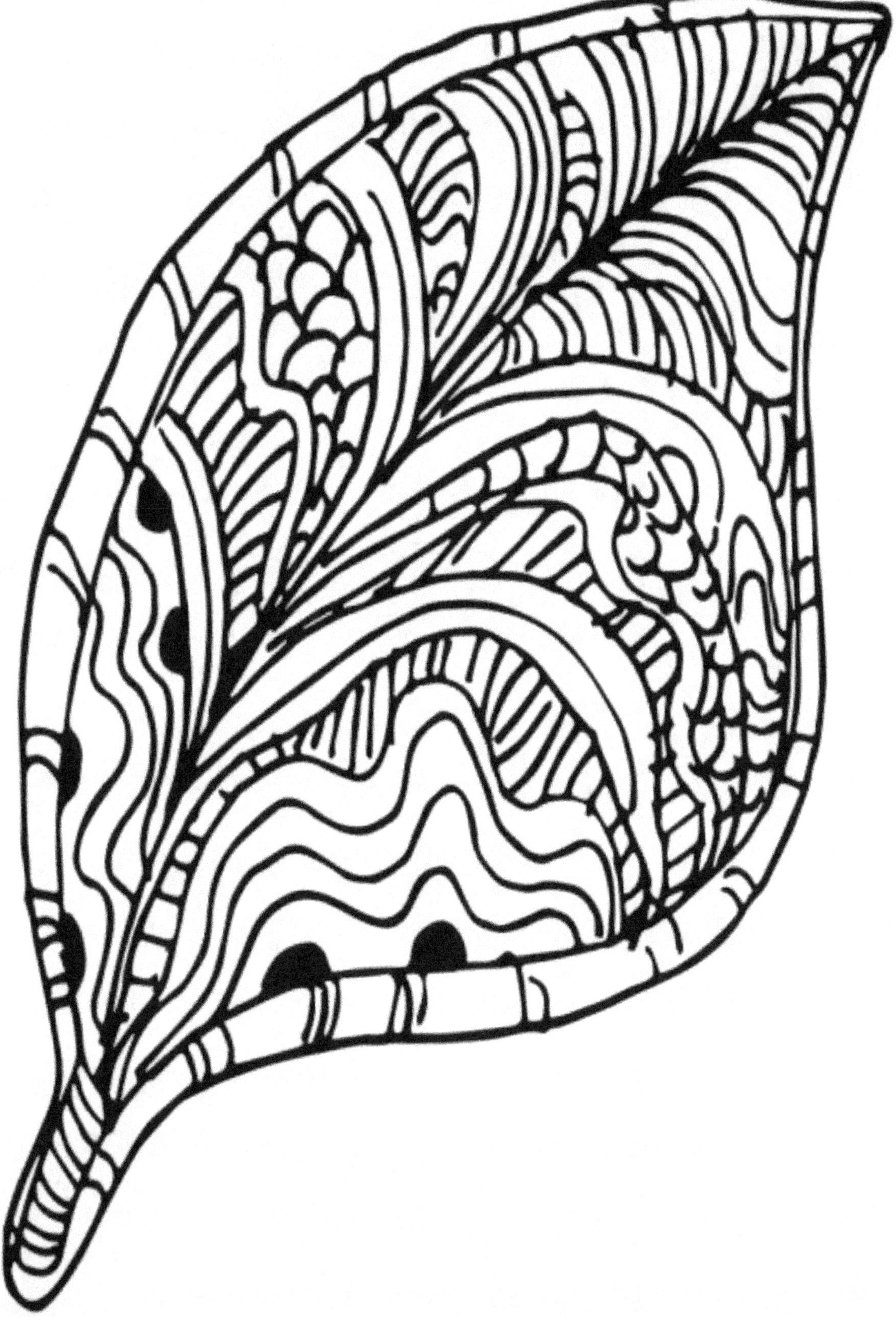

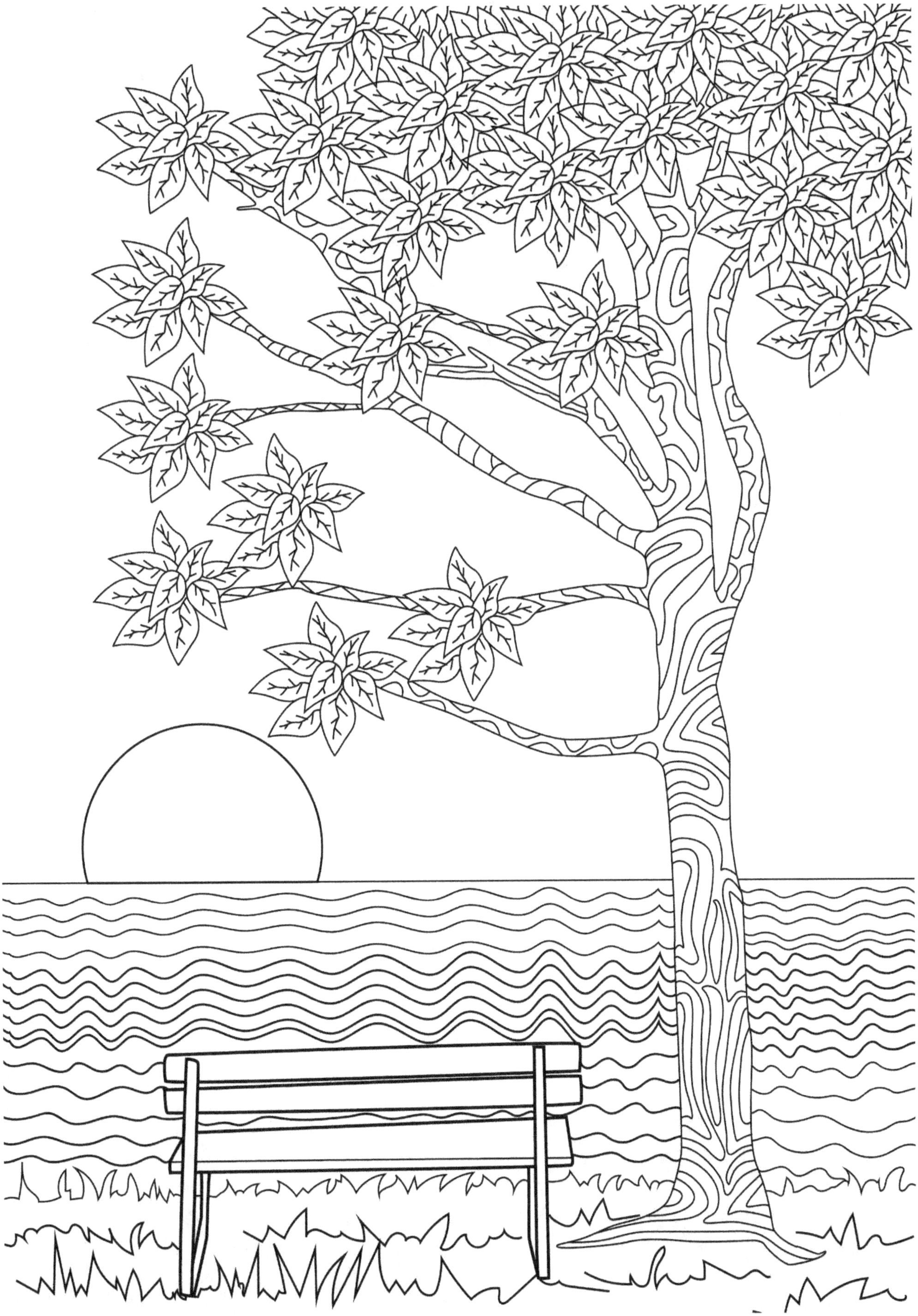

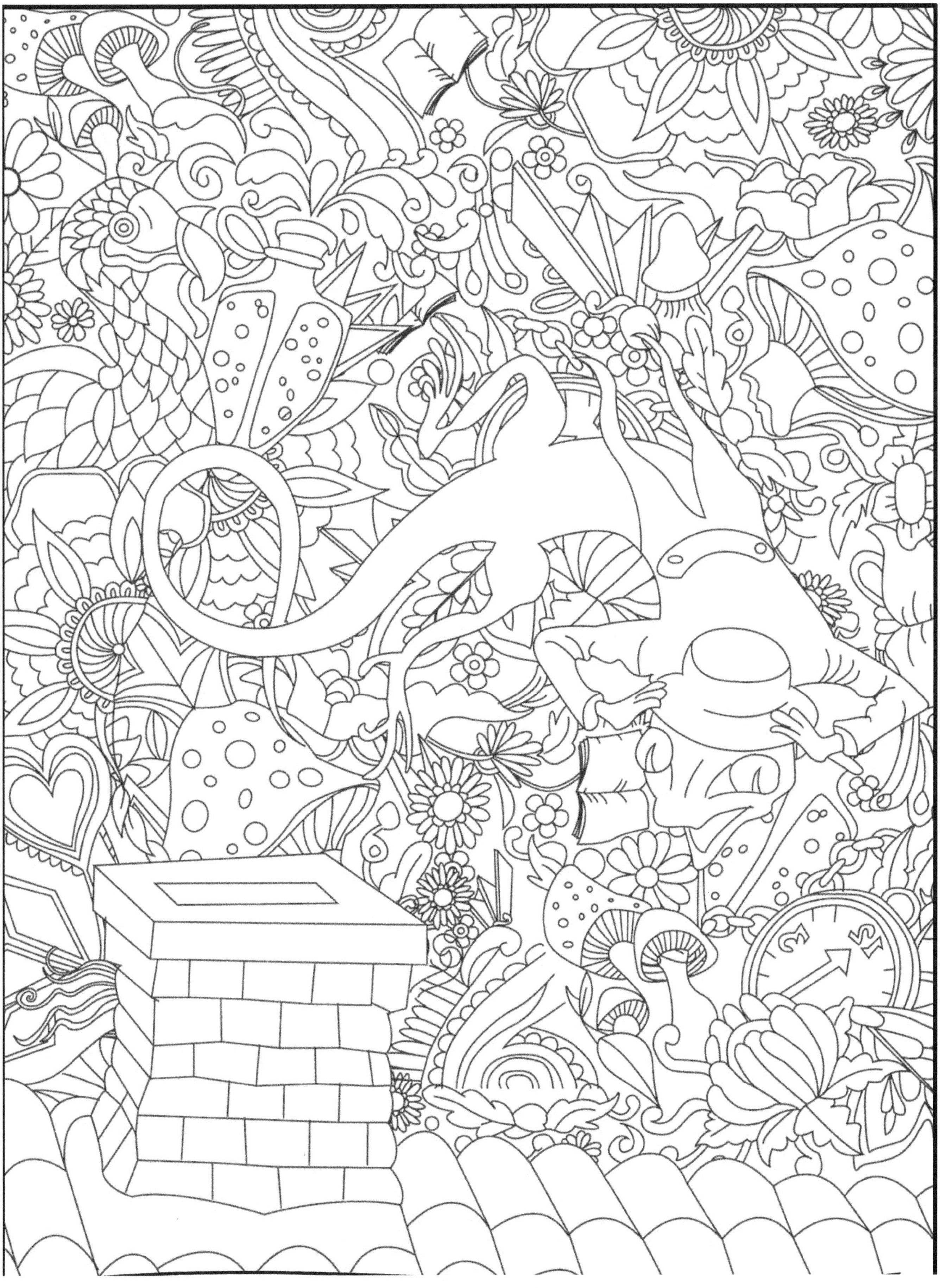

www.ingramcontent.com/pod-product-compliance
Lightning Source LLC
Chambersburg PA
CBHW080850220526
45467CB00008B/2464
* 9 7 9 8 7 0 7 1 9 9 1 0 3 *